Leaves Publishing

根 以讀者爲其根本

莖 用生活來做支撐

葉 引發思考或功用

果 獲取效益或趣味

賞遊

日本

東北

哈拉行

孟慶華・黨可菁◎著

風信子HYACINTH

賞遊日本東北哈拉行

作　　者：孟慶華‧黨可菁
出 版 者：葉子出版股份有限公司
發 行 人：宋宏智
企劃主編：鄭淑娟
行銷企劃：汪君瑜
文字編輯：王雅慧
美術設計：許瑞玲
印　　務：許鈞棋
專案行銷：吳明潤、吳惠娟
登 記 證：局版北市業字第677號
地　　址：台北市新生南路三段88號7樓之3
電　　話：（02）2366-0309　　傳真：（02）2366-0313
讀者服務信箱：service@ycrc.com.tw
網　　址：http://www.ycrc.com.tw
郵撥帳號：19735365　　戶名：葉忠賢
印　　刷：上海印刷廠股份有限公司
法律顧問：北辰著作權事務所
初版一刷：2005年4月　　新台幣：280元
I S B N：986-7609-63-8

國家圖書館出版品預行編目資料

賞遊日本東北哈啦行 / 孟慶華，黨可菁著. --

初版. -- 臺北市：葉子，2005[民94]

面；公分. -- (風信子)

ISBN 986-7609-63-8(平裝)

1 . 日本 - 描述與遊記

731.719　　　　　　　　94005712

總 經 銷：揚智文化事業股份有限公司
地　　址：台北市新生南路三段88號5樓之6
電　　話：(02)2366-0309
傳　　真：(02)2366-0310

※本書如有缺頁、破損、裝訂錯誤，請寄回更換

來去日本東北玩

爲什麼要去日本呢？這個我們已經去了至少三次的國家（太后大人二次，貝鼻三次），原因出在「時機」上。

第一次：2001的11月京都賞楓　結局：楓葉只紅了三分之一
第二次：2002的2月日光之行　　結局：雪融光了、花根本沒開
第三次：2002年4月京都賞花　　結局：花都掉的差不多了

　　去了三次日本——稱不上多，但也不能說是少，卻總是與想看的景色擦身而過，因此在太后大人一句：「我好想看楓葉喔……」的激勵下，我們決定再次挑戰日本。

　　雖然嘴上一直嚷嚷著賞楓之行，但我們倆都是那種嘴動的比手快的那種人，因此從四月決定要去開始，一直到了九月我們倆人仍然只限於嘴巴說說，從來也沒積極的開始規劃行程。

　　一直到了九月快底時，同事大姊大有一天突然義正辭嚴的教訓我們，再不訂機票和飯店，到時別說楓葉了，可能連滿地的落葉都看不見。眞是一語驚醒「混」中人，不虧是大姊大，在她聲聲督促下，我們在兩天內迅速的決定了時間和地點。一開始，我們本雄心壯志的打算要橫跨北海道和日本東北地區，但後來因限於預算及整體時間的關係，不得不割愛北海道，將主力都放在東北地方。雖然遺憾，但想要在有限的時間內玩得精采，的確不得不有所犧牲。日本的範圍大，每個地方紅葉的時間不同，選擇的地方與時間若不能配合得完美，就只能望葉（或望枝）興嘆了。

　　訂了機票後，一切都已成定局，也終於對日本賞楓之行有了一點眞實感，也多了一點緊張感，這主要是因爲我們倆人一直是同事間被照顧的對象，大家對我們居然敢在只有兩個人，還是兩個女孩的情況下選擇了沒什麼人熟悉的日本東北地方，一方面覺得不可思議，一方面也覺得非常令人擔心。哈哈，不要說他們了，就算是現在我們自己也仍然覺得有一點點的不敢相信呢！

Contents

RAIL PASS
&
ST PASS
NGE HERE

JRイーストパス引換所

JR EAST PASS

Can be purchased inside JAPAN
from Aug 1st!

JR
TIC

抵達日本前的三兩紀事

　　　　　　　在漫長無聊的等待中，我們總算上了飛機。
飛行途中時，偶然從機窗往下望，沒想到居然看到一道很長的彩虹。
雖然在旅途的一開始經歷了一些不快，但看到這麼美的彩虹，
忽然覺得，神果然還是保佑我們的，我們一定會有一趟順利的旅程！

中正機場的差別待遇

終於要出發了！

　　這一次的日本賞楓行，在歷經一些波折後，終於到了出發的那一天。「貝鼻」早上七點就到機場了，「太后大人」姍姍來遲，八點十分才到，真不像她的風格。我們兩人趕緊加入排隊劃位的長龍，卻發現西北航空的櫃台——電腦當機了，所以隊伍移動得十分緩慢。一個主管級的人不停地走來走去、吼吼叫叫地，非常不耐煩地聯絡電腦工程師，又命令僅存的兩、三台電腦讓商務艙的旅客先劃位。不過有一位櫃台劃位工作人員非常的好心，顯然不把「權貴」們放在眼裡，仍然叫經濟艙的旅客過去跟他劃位。

　　好不容易我們排到前面了，恰好那個兇巴巴的主管站在我們面前，所以忍不住開口問他：是不是他們付的錢比較多就讓他們先？結果這傢伙態度十分惡劣地回答：「不是，我們公司保留讓商務艙、頭等艙優先的權利。」

　　什麼嘛！不但沒有對大排長龍的旅客道歉及解釋，還這樣對待客人。說穿了，保留他們優先的權利不就是因為他們付了比較多的錢嗎？況且商務艙和頭等艙已經有專用的櫃台了，電腦當機又不是經濟艙旅客的錯，怎麼可以將全部能用的電腦都保留給商務艙及頭等艙的旅客！怎麼剛剛才脫離一個充滿階級意識的工作場合，想要放鬆一下，卻馬上又看到了這種差別待遇的嘴

哇…彩虹耶～

好兆頭♡

雨位小妞，
妳們想得太簡
單了…呵呵…

抵達日本前的三兩紀事

一到地下室就看到一家星巴克，能在一個不熟悉的地方至少看到一樣熟悉的事物，總會帶給人安心的感覺。

臉！哎……走到那兒都脫離不了差別待遇嗎？

再等了將近二十分鐘後，好不容易輪到我們劃位了，卻又有一個服務人員拿著商務艙及頭等艙旅客的資料進來插隊，等她key完資料，電腦又秀逗了！等待電腦恢復後，才繼續幫我們劃位，沒多久她又拿著幾本護

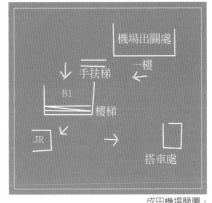

成田機場簡圖。

照來插隊，讓我們兩人在櫃台前足足站了近十分鐘才劃好位子，有差這麼一點時間嗎？就不能夠等弄完我們兩人的資料後她再插進來嗎？一定要這樣一再地打斷我們的作業嗎？還當著客人的面？只能說，他們實在非常不懂得尊重別人。

劃好位已經八點五十分了，九點二十分起飛的飛機在九點前就必須登機，所以也沒辦法好好逛逛免稅商店。我們一鼓作氣的直接衝去登機門，卻發現時間還算從容，但卻也不夠時間

再回去免稅店「瞎拼」了，只好留在鬧哄哄的候機大廳等待登機。這時卻聽到服務人員傳來「請頭等艙和商務艙旅客優先登機」的廣播聲，平常對這種安排並沒有特別感覺的我們，這一次卻覺得非常的不爽，發誓一定要好好努力，當個有錢人！不然也至少多賺一點錢，可以買貴一點的機票。

驚艷高空的彩虹

在無聊的等待中，總算是上了飛機了，飛機是左右各三個座位的小飛機，雖然早就知道是波音757型的班機，但還是不免感到一點點小小的擔心，這麼小的飛機能飛這麼遠嗎？

飛機上唯一令人期待的大概只有飛機餐了，在網路訂票時，我們勾選了海鮮餐，但空服人員在送餐的過程中，完全沒有將我們的海鮮餐送來，只有吃素食的乘客優先得到了他們的餐點，可見網路訂票的選餐只是好看的，因此在沒啥好選的情形下只好選了雞肉麵來吃。

飛行途中時，偶然從機窗外下望，沒想到居然看到一道很長的彩虹，彩虹的兩頭延伸進厚厚的雲層中，在三萬英呎的高空中由上往下看彩虹，倒還是有生以來的頭一遭。雖然在旅途的一開始經歷了一些不快，但看到這麼美的彩虹，忽然覺得果然神還是在保佑我們的，我們一定會有一趟順利的旅程！

細雨紛飛中抵達成田機場

快到日本時，經歷了一陣十多分鐘的亂流，終於在日本時間下午一點半多到達東京成田機場。

東京的氣溫是16℃，外面下著不大不小的雨，感覺上有一點涼涼的、還算不上冷。我們一出機門，走下飛機就直接踏進機場的接駁巴士，巴士和樓梯間接的剛剛好，一點縫隙都沒

有，才剛到日本就感受到日本人的細膩。雖然已經來過日本多次，但仍然覺得感動。

接駁巴士到達機場大樓後，我們就隨著人群移動，其實這種時候也不用多想，總之那裡人多就跟著那裡走就對了，再不，總會遇上一、兩團台灣來的遊客，只要跟著他們走，也都不會有什麼大問題。

在海關等待入境時人非常多，不過還好隊伍的排列是採取像在台灣排廁所的方式，大家全部排成一列，等到了隊伍的最前方，會有一位先生視情況告訴你去幾號櫃台辦理入境手續，倒也省得我們花心思兼碰運氣地猜，那一個櫃台比較快。不過比較難的是，雖然他說的是英文，但我們還是聽了兩次才聽懂他在說什麼。

在等待行李從運輸帶送出來的時候，恰巧看到機場的巡警牽著一條緝毒犬來回嗅聞。愛狗的貝鼻差點忍不住想對可愛的黃金獵犬發出逗弄的聲音，但在怕狗的太后嚴辭訓誡：到時候可能會被當成毒犯的警告下，總算克制了平常的習慣。

等到領完行李要出關時，行李檢查員不知怎麼的，又看上了太后，問了幾個問題，無奈之下只好被迫開口回答問題，在結結巴巴地回答之後，這次貝鼻又託太后之福，不用回答問題跟在後頭出來了。（上次去歐洲也是太后大人被盤問，之後我們就託她的福順利過關了……）

美麗善良的JR小姐

出關後，我們沿著JR京成線的指標，找到了換JR PASS的辦

成田機場的JR辦事處。為省麻煩，最好能在這裡就把「兌換券」換成「使用券」。

事處，我們都還沒開口呢！櫃台小姐大概看到了我們手上的「兌換券」二話不說地馬上拿出單子讓我們填寫。正當我們填得起勁時，小姐看到我們在「NAME」的那一欄寫的是中文名字，突然連喊兩次"Eglish please!"一開始我們還沒反應過來，仍然自顧自的寫個不停，還好太后冰雪聰明，總算了解了對方的意思，只好有點糗地又用英文寫一次。（但是慘的是太后的名字其中一個字寫到一半，不好意思當著小姐的面繼續寫中文，但不寫完這個字又覺得渾身不舒服，只好先寫英文，過一會兒再偷偷地回去把那個中文字寫完。）填好單子後，小姐問我們是否今天就要開始使用，準備要去那裡？照例我們的表情又是一片茫然，心中卻想著：「妳還真熱情呀！連我們想去那裡都想知道！真不愧是JR呀！」就在懷著高度的感情下，告訴了她我們要去仙台，沒想到過了幾十秒後，從成田空港→東京，以及東京→仙台的車票就赫然出現在我們眼前，原來人家只是要幫我先預訂位置呀，不過仍然讓我們又驚又喜。最好的是，時間算得剛剛好，班次就是剛好夠我們走去月台的那班車。而且在仔細對照後，發現這個安排恰好就是我們在台灣查班次時間中最佳的選擇。這種服務真是一流啊，也減去我們得

去尋找車班及開口買票的不安。

下午三點十三分我們搭上了前往東京的火車，外面的天色漸暗，天空還籠罩著厚厚的烏雲，但自台北穿著單薄衣衫的我們，卻已被日本室內的暖氣熱得悶燒起來。能甩開台北煩人的工作，來到一個沒人認識你的地方，耳邊只有你聽不懂、也無須理會的語言，感覺真好！

到了東京，順著「新幹線」的指標走（車站指標多為漢字，無須擔心看不懂），即可找到往東北方向的新幹線，月台上有電子看板，標示著現在的先發車是那一班、幾點發車以及後發列車的班次、時間；排隊上車也要依照地上的指標，有些地方只有某種列車，如果弄錯了，可能就會發生你要搭的車子到了，前面的隊伍卻不移動的奇怪現象，等你開始拖著行李從隊伍後面往前衝時，準時的新幹線已經關上門揚長而去了。

說到這兒就不得不提提我們曾經碰過的悲慘經驗。2001年當我們第一次到日本，回程要從大阪搭機場線至關西機場時，就是因為不知道要按照地上的指標排隊，當一到月台看到已經有人排隊了，也沒多想的就跟在人群的後頭。列車進站時，排在我們前面的人動也不動的，著實讓我們納悶了好一會兒，在納悶的過程中，旅伴中的大姊（當然也是這次督促我們的大姊）卻驚叫那不是我們的車嗎？！就在我們一行五人連滾帶爬的想要衝上車時，卻衝出了一位酷似班艾佛列克（阿格利版）的站務人員阻止我們上車，情急之中我們趕緊拿出車票證明我們是該班車的乘客，但一切為時已晚，車子已揚長而去。而那位該死的阿格利「班」則在我們尖銳的注視下，直到我們上了下一班車前，都不敢再靠近我們。

我們搭乘的はやて23號（快一點號；下午四點五十六分）雖然禁煙，車廂內仍充斥著濃重的煙味，這大概是日本最不好

的地方了吧，雖然各處都設有給癮君子專用的抽煙處，但不管是坐車也好，去餐廳吃飯也好，總是到處充滿了煙味，這一點實在是讓呼吸道虛弱的我們吃足了苦頭。十月底已經慢慢地進入秋冬的季節了，約五點半時窗外的天色已然全黑，但即使在黑暗中，我們仍能感受新幹線全速前進的威力。

由於我們預計到仙台至少是六、七點之後，所以早已先準備了兩碗泡麵作爲抵達日本後的第一頓晚餐。滿心以爲像台灣的火車一樣，新幹線上也會有熱水供人飲用，上車後卻完全找不到半個飲水機，失望之餘，只好拿出零嘴多利多滋，再配上飛機上省下來的小餐包裹腹。

來到日本的第一晚

晚上六點三十七分到達了我們曾在2001年拜訪過的仙台車站，車站的變化不大，在第一晚就能見到熟悉的景色，安心之餘，也放鬆了我們從早就開始跟時間賽跑的神經。在車站內的觀光案內所拿了一些介紹東北地方的資料，我們就直接去找旅館了。

在旅館check in放下行李後，爲免一坐下就不想起來，所以我們一鼓作氣，打算先去覓食、還有順便逛逛。啊～擺脫行李的負擔就是不一樣，感覺力氣又重新地回到身體裡了，雖然一整天的疲憊還沒消失，但也有力氣再提起腳步前進了。

因爲在新幹線上已經先吃了點東西，感覺上沒什麼餓意，因此在商量下，爲免我們在往後的行程中愈往北走就愈偏僻，乾脆先找大姊這次指定想買的幾本書，包括了她最愛的「化學超男子」的出道紀實和電影《陰陽師》的寫眞集。

第一站先到車站對面的マイエ書店，我們兩人在店內繞了幾圈，連泳裝美女寫眞區都看了幾次，仍然沒找到要找的書，

無奈之餘，太后只好開「御」口請店員幫忙找書，本來以為她會秀幾句日文，沒想到一開口她居然講的是英文，好在店員會說英語，而且重點是她講的我們聽得懂，總算三本書當中找到了一本。好心的店員問我們要不要預約其他沒找到的書，但我們表示只能待兩天，所以只能謝謝她的好意了。

　　太后順便買了一本日文版的《小王子》，純粹是因為書很小巧可愛，想要收藏。

　　之後我們隨意的到處逛逛，逛到了一條商店街（好像叫おおまち），商店多半打烊了，看了兩家書店未果，便往回走到広瀨通準備回旅館了，在路上又看到一家滿大的「本」書店，想進去碰碰運氣。這一次因為書店面積實在太大了，我們也沒什麼力氣自行尋找，因此馬上拿出大姊交給我們的書名請店員找了一下，沒想到店員一看到《陰陽師Ⅱ》寫真集，馬上就指了指櫃台旁邊，原來有一區《陰陽師》專區呀！哎～顯得我們很笨似的。拿了寫真集後，又發現有介紹電影及演員的專書，想想大姊應該會喜歡，如果不先買回去到時恐怕她又唸，反正如果她不想要，我們就當成日本行的禮物強迫她收下，因此就一起買下來。不過好笑的是，店員尋找「化學超男子」的另一本書時，居然找了一本在講解「化學」的書，讓我們兩人不知是該笑還是該氣，當然結果是找不到啦。雖然仍有一本書沒買到，但也達成了三分之二的任務，大姊也應該滿足了。

　　在回程的路上，當然要維持我們晚上小酌一番的習慣，因此去便利商店買了一些零食和飲料，便回去準備休息了。

Tips:

阿格利即ugly，醜陋之意。由來是因為名鋼琴家阿格麗西來台表演時，朋友之間曾瘋了一陣子，結果有一次在讚嘆一個很醜的東西時，本來想說ugly，開口卻碰出「阿格麗西」，從此以後我們在說醜這個字的時候，忍不住就說成阿格麗西。但未免污辱到阿格麗西，我們就簡稱「阿格利」。

洋溢北國豪邁氣息的都市
——仙台

仙台已經是我們第二次拜訪的地方了。
還記得2001年第一次來到仙台這個城市時，
感覺上完全不同於京都的精緻及東京的擁塞，
而是一種屬於北國豪邁氣息的都市。

伊達政宗大將軍的古城

仙台是日本東北地方最大的都市，大城市中該有的高樓大廈、地鐵捷運一樣都不缺少，而且由於現在的仙台是二次大戰後重建的，因此整個城市經過重新規畫後，顯得如棋盤式的整齊，只要大方向感對，原則上是沒有迷路的問題。

仙台市街美麗的樹木。

來到仙台若是沒有對伊達政宗有一點瞭解，就無法品味仙台的歷史古蹟之美。仙台是伊達家所建立的古城，它的歷史是以伊達政宗（1567－1636年）這位大將軍為中心。

伊達政宗因為小時候得天花以致於右眼失明，而得到「獨眼伊達」的外號。

伊達政宗雖然身為大將軍，但他不只有作戰的長才，除了兵法武略之外，他的藝術及文學涵養也相當的豐富，而他更令人激賞的是行政方面的才能，在他執政的期間內大興學堂、鼓勵文風，讓仙台成為東北的文化中心，而他本人也成為當時最有勢力的藩主。

今天的仙台城處處充滿了伊達家所遺留下來的歷史古蹟，其中大多數都是伊達政宗在位時所建設的。

有趣的是目前伊達家已經傳到第十八代了，而十八代的當家伊達泰宗對於維護伊達家的歷史可說是不遺餘力，除了身體力行的參與古文物的修復外，也撰寫了多篇論文探討伊達家的歷史文化。在他的網頁中，對於伊達家的歷史有很詳細的介紹，雖然沒有辦法完全

Tips:

伊達泰宗：
http://www5a.biglobe.ne.jp/%7Edate-18/

看懂日文，但從漢字中也可以猜測出他的大約意思，能在去仙台前瞭解一下伊達家的歷史，是很有幫助的。

仙台東照宮

說起「東照宮」這個名字，不知道為什麼，日本到處都有叫「東照宮」的廟宇，猜想可能是和日本人祭祀的天照大神有關。仙台的東照宮是由德川家康於西元1591年所建造，起源則是因為德川家康在各地視察時，曾在東照宮的現址休息了一下，於是就指著這一塊地說道：建一座寺廟吧！一直到了伊達忠宗（第二代領主）時，又大肆的整建東照宮，據說用了八十幾萬的人次及二萬多兩的黃金以及一流工匠修建而成。

仙台東照宮。

東照宮前面的石鳥居是由花崗岩打造而成的，花崗岩則是從伊達忠宗的妻子的故鄉運來的。東照宮本殿的建材則是櫸木，在建好之後再上一層類似今天的亮光漆的透明漆，以達到防水的效果。

西元2001年當我們第一次到仙台時，原訂的計畫是與當時在日本做研究的老闆會合，再由老闆帶我們觀光，因此事先完全沒有針對仙台做任何的資料查詢，那裡知道就是因為老闆的簽證問題——她當時所持的簽證種類是「文化研究」——以致於無法使用JR PASS從名古屋趕來與我們會合。這樣的結果不但使我們白白浪費了半天的時間在仙台車站，也讓我們完全不知道該在仙台做些什麼。

還好日本的各大小車站內幾乎都有「觀光案內所」（旅遊資訊中心），可以拿到很多當地的簡介，因此我們放完行李

後，在無可選擇之下，只好就近找了一個景點觀賞，也就是仙台東照宮，所以當我們到達東照宮時，其實天色已相當的昏暗，搶著一些天光，我們趕緊拍了幾張照片，大約過了半小時，天色已經幾乎全黑了，無奈之餘，也只好搭車返回仙台市了。

Tips:

仙台東照宮
◆交通：從JR仙台站搭乘仙山線往山形方向約5分鐘，東照宮站下車，順著指標走約3分鐘。
◆開放時間：上午9：00～下午4：30。關閉後可在寺前的參道（參拜的道路）逛逛。
◆費用：免費。
◆網址：http://www.sendai-toshogu.or.jp/

觀光巡迴巴士

要認識一個城市，除了觀光巡迴巴士，實在沒有更好的選擇了。

會知道巡迴巴士實在也是誤打誤撞下的結果。就是因為前述的原因，我們在觀光案內所拿了許多參考資料，在時間的考量下，最後選擇了利用市區的觀光巡迴巴士來拜訪仙台。

觀光巡迴巴士的全名是「るーぷる仙台」英文是「LOOPLE SENDAI」，可以選擇600日圓（小孩300日圓）的一日乘車券，也可以選擇一次250日圓（小孩130日圓）的搭乘方式。巡迴巴士共經過十一個站，若是利用一日乘車券，就可以隨時的上下車，非常方便，因此當然是強烈建議購買一日乘車券，而且車票還可以留下來做紀念。

提到觀光巴士，不妨透露我們五人團體小小的糗事。由於我們那時都是第一次到日本，也是第一次坐巴士，雖然手上拿著車票，卻不知如何使用，看大家下車時都將錢投入一個投錢

搭配車票會
有一本巴士
路線圖及各
站簡介。

巡迴巴士的
車票。採用
刷卡的方式
上下車。

箱中（頗像我們早期公車上的投錢箱），我們就只在下車時，把票「亮」給司機伯伯看一下，便一溜煙地跑下車了。司機伯伯那時正忙著看乘客投的錢，眼見我們一一溜下車，不由得在坐位上大叫起來。我們雖然不知道他在講什麼，但總心虛是自己做錯了什麼，便回頭看司機伯伯一眼。司機伯伯大概也知道我們是外國人吧，便比手畫腳地示意我們要「刷」一下卡，於是我們就乖乖地上車一一補刷卡，車上的在地人看我們傻傻地，都笑成一團，倒也化解了這個令人尷尬的場面。

　　因為時間有限，我們並沒有每一站都下車參觀，只選擇了一些較具歷史意義的景點。巴士上有日文、中文、韓文的電子顯示器，隨時告訴你這一站是那裡，下一站是那裡，所以不必

擔心會坐錯站。

晚翠草堂

　　晚翠草堂是日本有名的詩人
土井晚翠所居住的房子。土井
晚翠最有名的詩作就是〈荒城
之月〉，這首詩的內容主要是歌
詠德川幕府末年、明治維新之
初（西元1868年）發生的「戊
辰戰爭」──德川幕府軍因不敵
明治新政府的攻擊，而發生了
「白虎隊自殺事件」。

晚翠草堂的簡介，裡面還附上了荒城之月
的詞曲。

　　當時會津地方的年輕人組成
少年敢死隊「白虎隊」與軍官戰鬥失敗後，從遠處看到會津城
起火，誤以爲會津城已失陷，於是十九位少年在飯盛山集體剖
腹自殺。

　　土井晚翠就是根據這一段歷史，作出了膾炙人口的〈荒城
之月〉詩作，經瀧廉太郎作曲後，就成了今日所聽到的旋律
〈荒城之月〉。

　　而土井晚翠本人晚年的經歷也像〈荒城之月〉這首曲子給
人的感覺一樣，充滿了悲涼的感覺。他唯一的兒子在25歲時就
去世，自己居住的地方也在二
次大戰時遭受到戰火的洗禮，
以致於大量的藏書都遭到毀
滅。現存的「晚翠草堂」則是
後來他所任教的仙台第二等高
校（現在的東北大學）的學生

Tips:

晚翠草堂
◆交通：乘坐觀光巴士在第三站下車。
◆開放時間：上午9：00～下午5：00。
◆休館日：星期一，新年假期。
◆費用：免費。

幫助他重建的。

　　或許是感受到了〈荒城之月〉的影響吧，進到晚翠草堂這座木屋，除了不由自主的肅靜外，從腳底傳上來的透心涼（進屋必須脫鞋），讓我們恨不得趕緊逛完快點離開。因此在大略的參觀後，我們並沒有久留，直接就離開了晚翠草堂。

晚翠草堂前。

　　值得一提的是，大門口的左邊，塑立了一座大石，上面則有根據土井晚翠的詩集《天地有情》這個名字而刻的四個大字，總算在冰冷當中，嗅到一絲溫暖的氣息。

瑞鳳殿

　　在「瑞鳳殿前」站下車後，迎接我們的是一條長長的石板路，晚秋的陽光溫暖而不刺激，但是只要一離開陽光站在陰影底下，馬上就會感到寒意襲人、直打哆嗦。經過平坦的石板路再接續一段柏油路後，緊接著就是林中的石階，雖然石階不陡峭，走起來也算輕鬆，但兩邊四百多年的杉樹林中、傳來的陣陣溼氣，還是讓人滿不舒服的。

　　「瑞鳳殿前」這一站包含了兩大區：瑞鳳殿及瑞鳳寺。其中瑞鳳殿這個區域又包括了瑞鳳殿在內的其他一些建築，有善應殿、感仙殿、妙雲界廟。

　　不管是什麼「殿」，其實都是開始建設仙台的家族：伊達家歷代領主的墓地。雖然是墓園，但奇怪的是卻一點也不令人感到害怕，大概是因為建設的太美輪美奐了，完全無法令人聯

瑞鳳殿景。　　　　　　　　　　　　　　　　　瑞鳳殿簡介及參拜券。

想到這裡是墳墓，這大概跟去參觀金字塔、還有大陸的一些皇陵的心態一樣吧，墓地本身的建築之美早就讓人忘了它原先的目的。

　　瑞鳳殿是伊達家第一代的領主伊達政宗的墓地，日本人把墓地稱為靈屋，因此瑞鳳殿的全名要再加上伊達政宗公靈屋。瑞鳳殿相當的豪華，整個建築雖然並不大，但是採用桃山樣式修建的金壁輝煌，無論是雕刻或用色，尤其是四周窗戶的上方及四邊的飛簷，佈滿了七彩的雕刻，有獅子、有仙女及鳳凰等等，再加上用金箔所裝飾的伊達家家紋大門，都只能用「絢爛華麗」來形容。不過現存的瑞鳳殿是二次大戰後重建的，在2001年仙台城建立四百年紀念時也整修過。

　　與瑞鳳殿比起來，感仙殿和善應殿就顯得樸素多了。感仙

殿是第二代領主伊達忠宗的墓地，善應殿則是第三代領主伊達綱宗的墓地，比較特別的是伊達綱宗在幕府時代時被迫退隱，而在退隱後反而展現他美術方面的才華，無論是和歌、書法或是繪畫都有不錯的表現，而在他的陪葬品中也發現了不少文房四寶之類的文具。而與瑞鳳殿相同的是，這兩座陵墓也是戰後修建的。

　　瑞鳳殿資料館位於瑞鳳殿旁，收藏了瑞鳳殿、感仙殿、善應殿三代領主墓中所發現的珍貴物品，只要購買了瑞鳳殿的參拜券就可以一併參觀資料館，裡面最讓我們印象深刻的是仙台第一代領主伊達政宗的復元相，當時的日本人還真是想像不到的「短」，大概只有150公分左右吧，嗯……的確

瑞鳳寺中土井晚翠的詩。

瑞鳳殿各建築簡介。

Tips:

瑞鳳寺、瑞鳳殿
◆交通：乘坐觀光巴士在第四站下車。
◆開放時間：2月1日～11月30日，上午9：00
　～下午4：30。12月1日～1月31日，上午
　9：00～下午4：00。
◆休館日：12月31日～1月1日。
◆費用：日幣450元（大人）。
◆瑞鳳殿：http://www.zuihoden.com/

有點「短」人族的味道……。

　　由於瑞鳳殿這一區的地型呈ㄇ字型，所以比較順的走法是遇到叉路後從左邊出發，但是當我們逛到善應殿、感仙殿之後，發現這一區並沒有用任何柵欄圍住，若不想花450元日幣參觀瑞鳳殿的話，還是可以逛逛其他地方。雖然在日本幾乎每個寺廟都必須花錢才能參觀，但若不想花錢，周圍的風景也不會令人感到失望，只是既然大老遠都跑來了，就不要捨不得花這些小錢了！

　　瑞鳳寺位於瑞鳳殿的下方，不需購票免費參觀。瑞鳳寺是第二代領主伊達忠宗於寬永十四年（西元1637年）所興建的，與瑞鳳殿、感仙殿及善應殿等三殿，都在戰爭中被燒毀，現在看到的瑞鳳寺是西元1979年重新興建而成的。

　　瑞鳳寺並不大，大約逛個十分鐘就逛完了，不過有趣的是我們在其中發現了一個幼稚園，小朋友在古蹟之中學習成長，還真是一個不錯的經驗。

仙台城跡（青葉城）

　　伊達政宗在位時修建了「青葉城」，青葉城的修建共費時

護國神社外掛滿了祈求平安的木符。

各式各樣的平安符。
（感謝高偉騰先生提供照片）

十年；而伊達家庭以青葉城為根據地傳了十三代，長達270年。一直到了明治維新時，伊達家領主的地位才被瓦解，也不再居住在青葉城。

青葉城在第二次世界大戰時也受到了戰火無情的摧毀，只有部分的遺跡殘存，目前仙台市政府正努力的修復當中，但是要看到青葉城原本雄偉的英姿，大概還要過個幾十年才有機會吧！

搭乘著觀光巴士在青葉城遺跡站下車，跟著指標走約十分鐘，會先看到護國神社，護國神社至今仍是仙台市居民重要的參拜場所，因此我們沿路走來，看到不少當地居民盛裝的進出護國神社。

在神社中我們當然不能免俗的要買一些保平安、保戀愛等等的護身符，日本人最厲害的是，什麼東西都可以商品化，而且還讓你有非買不可的心態呢！

由於仙台城目前仍在修復中，因此處處都是工地施工的圍

←伊達政宗所飼養的老鷹石雕像。

幕，也實在看不到什麼東西，不過因為仙台城是建築在一個斷崖之上，因此在瞭望台的地方可以鳥瞰整個仙台市，天氣好一點時，甚至可以遠眺太平洋。聽說伊達政宗就是看上這樣一

個易守難攻的地形，才決定將青葉城建在現在的所在地。仙台城遺跡附近還可以看到高聳的伊達政宗騎馬像，以及他所飼養的老鷹的石像，傳聞這隻老鷹對伊達政宗忠心耿耿，伊達政宗還封了牠一個官職呢！

伊達政宗騎馬像。

仙台嚐鮮
——吃牛舌

　　來到仙台，牛舌是一定要嚐嚐的美食。如果沒吃過牛舌，可能會對牛舌望而卻步，但是只要有勇氣吃吃看，一定會愛上牛舌的柔嫩鮮美。在仙台有許多餐廳都有賣牛舌，不妨挑一家覺得順眼的進去吃，若講究一點，當然還是要去老店試試。仙台最早始賣牛舌的餐廳是「味太助」，號稱是牛舌的發祥地，牛舌定食的價格也不算昂貴，值得一試。若是不想費功夫去找老店，在JR仙台站三樓左邊的「伊達の牛たん」也是賣牛舌的名店，可以試試，味道也相當不錯。

　　吃牛舌最好能選擇鹽燒的吃法，最能吃出牛舌外脆內軟的滋味。

Tips:

◆味太助：
http://www.aji-tasuke.co.jp/index.html
◆伊達の牛たん：http://www.gyutan.co.jp/

神龍鎮守的小城
——塩釜

不愧是神住的地方，階梯還真是不少。
約爬了一半的階梯後，就在我們對「神住的地方」讚嘆不已時，
突然看到有一團旅客從停車場湧出，
仔細聽他們說話後，才發現原來是台灣同胞呀！

擁擠人潮不輸東京的JR仙山線

依我們在仙台觀光案內所拿到的資料，其中有一條推薦路線，是從JR仙台站經多賀城及塩釜，再乘觀光船到松島。我們採取了這條路線，但去掉多賀城的部分，因為在這裡的景點都得搭乘計程車。

七點多去吃早餐時，大廳內清一色是男性上班族，嚇了我們一跳。早餐很簡單，真如網路上所寫的，就是飯糰、味噌湯、小餐包及咖啡（這還是式樣最多的一家，其他家都只有飯糰、味噌湯及咖啡），還有兩種鹹菜，吃完要自己收拾餐具，拿去櫃台分類放好（頗像青年旅館的作風）。

我們搭乘早上八點十九分的JR仙山線，此時正值上班時間，車站內的人潮幾乎不輸東京的地鐵站。上車後過了兩、三站，車子便空多了，我們也有位子坐了，接下來窗外的景色也已和市區大不相同。

八點四十七分到達本塩釜車站（很好笑的是在車上，坐我旁邊的老太太，好像一直想問我這站是什麼、下一站是什麼，我只好裝作沒聽見，任由她忽而跟我忽而跟同伴嘰哩呱啦地問話），好不容易在車站內找到塩竈（しほがま）神社的地圖，便從車站出發了。

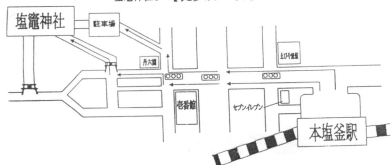

塩竈神社まで【徒步約10分】

↑塩竈神社前的表參道。
→塩釜市是一個製鹽的小鎮，這是
　用來製鹽的鍋子。

塩竈神社的正面。從這裡往下看會看到一道非常陡峭的階梯，也是入口之一。

　　這裡的天氣不佳，天色非常灰暗，還不時飄著絲絲細雨。馬路是全濕的，和仙台一樣，顯然是昨夜下過雨。街上人、車俱稀，走到一個路口，赫然發現塩竈神社（釜是竈的簡稱，所以塩竈就是鹽釜）參拜入口的指示牌，指的方向卻非地圖上畫的路徑。

塩竈神社

　　我們正猶豫著該相信何者時，冷不防有個聲音在我耳邊響起，著實嚇得我要跳起來（因為當時街道上根本空無一人），一個友善的阿婆好像是在問我們需不需要幫忙。我們給她看了地圖，指指神社，她立即指示我們往前走（和地圖畫的一樣），同時解釋那塊指示牌指的是巴士路線，並表示可以和我們一起走。走了一段路之後，她忽然停了來指示我們必須在前

面右轉。

　　本以爲她也是要去神社參拜，沒想到只是順路呀！她連說帶比的，即使我們兩人自始至終不發一語（是苦於不會說），但仍然對我們熱心指路，眞是令人感動，說完便揮手和我們道再見。

　　我們依其指示，順利找到了神社的東參道。過了一個鳥居後有很多向上的階梯，在日本的傳說中，鳥居是人和神居住地

塩竈神社的入口。

的分界點，所以抱著恭敬的心理，我們開始進入神的領地。

　　不虧是神住的地方，階梯還眞是不少，爬了約一半的階梯後，就在我們對「神住的地方」的讚嘆下，看到了有一團旅客從停車場湧出，仔細聽他們說話後，發現原來是台灣團呀！

　　剛才的心情一下子消失無蹤，彷彿突然回到人間一樣。我們兩人有志一同，忽然都閉起嘴巴默默的跟在台灣團後，這種心態很微妙，尤其在自助旅行的時候，總是特別不想遇見同鄉的人，若同是自助旅行的還好，但若是團體的旅客，馬上就會想閃得遠遠的！

　　慢慢的跟在人群之後，沒過多久就到了神社的入口，雖然是叫「塩竈神社」其實是由好幾個神社組合而成的，其中包括了志波津神社、お釜神社、牛石藤鞭社……等。

　　塩竈神社四周有許多高大的杉木林，神社前還有一株800

年的老杉木，旁
邊則是一株非常
粗壯的300年樹齡
的櫻花樹。

Tips:

◆塩竈神社：
http://www.siogamajinja.or.jp/index.html
◆交通：從仙台車站搭乘仙石線到本 塩釜站
下車。下車後按上面的地圖走約十分鐘左
右可到達參拜道。正確的時刻表請參考下
列網址：http://ekikara.jp/time.cgi?line108

塩竈神社祭
祀的是塩土老翁
神、武甕槌神及
經津主神，主要
是安產守護、延命長壽、海上安全、大漁滿足、家內安全、交
通安全及產業開發的神。神真是非常忙碌，尤其是在小地方，
每一種願望都要被滿足呢！

神龍社驚見神「龍」

在神社博物館前，還有一座小小的神龍社，一開始我們不
明其意，還在想什麼是神龍呀？等到幾個台灣觀光客發出陣陣
驚叫聲，我們才一股腦兒的衝向前去，一開始只聞到一陣奇怪
的異味，忽然有個馬頭探出來，不停地左右搖擺牠的頭，原來
所謂的「神龍」是神「馬」呀！

台灣來的觀光客很興奮地跑去和馬兒合照，一開始神龍還
很配合的左右搖晃，等到全團人幾乎走光後，只剩下一個小姐
拿著相機尷尬的對我們笑著，在她想說出「死咪麻sam」之
前，我們趕緊表示也是台灣來的觀光客，並且主動的幫她拍
照，沒想到在要拍照時，馬兒突然發出不悅的嘶吼聲，嚇了我
們三個人一大跳！看起來似乎是在抗議大家為何只跟牠拍照，
卻沒有人餵牠吃點東西。請我們拍照的小姐很快地就逃跑了，
看著神龍的尊嚴這麼被踐踏，我們實在也不忍心，所以掏出了
100元日幣，拿起放在馬兒面前桌上的大木勺，餵了牠一盤紅

什麼「神龍」呀？？前面木箱的作用是投錢，投完錢後自己再將白色盤子中的蘿蔔放在木勺上讓「神龍」吃。

蘿蔔，牠每吃一口便緊咬著木勺不放，並露出一口大黃牙，十分可愛。

這匹被關在馬廄中的神馬，和奈良鹿頗有異曲同工之妙。奈良有一塊地區是鹿的保護區，在這塊地區的一些景點，例如興福寺、奈良博物館、東大寺等地方，鹿都可以自由自在地走

因為以前製鹽的海水都是靠牛從海邊運送來的，所以在這裡也有供奉一座石牛以表尊敬。

來走去，這些景點的附近也絕對會有賣鹿仙貝的攤販，可以向攤販買一些鹿仙貝，鹿兒們就會聞香而來，圍著你乞食。

不過乞食的情況也稍有不同，例如興福寺的鹿臉皮就比較厚，看到你拿著鹿仙貝，就立刻包圍你，要你餵牠，如果你沒餵，牠們還會用嘴和鼻子的部分頂你，「提醒」你給牠食物，弄得你衣服上都是牠們的口水，有些還混和著嚼爛的鹿仙貝，真是噁心！

奈良博物館前的鹿就十分有禮貌，牠會先不停地跟你鞠躬，請你給牠食物，如果你不給，或是根本沒有食物，牠們便會離開你，不會來碰觸你。至於東大寺的鹿，不知是太多人餵還是平常就有人固定餵食，看到旅客是完全不理的，還是懶洋洋地坐在草地上。所以看到這匹神馬拚命搖頭的模樣，就讓我們想起奈良會鞠躬的鹿，兩者都非常好笑與可愛。

這是專門幫車子祈福的道場！

志波彥神社

　　旁邊的志波彥（しはひこ）神社，祭祀的是志波彥神，是協助塩竈神的神，神社前的左右各有兩株十分粗壯的桂花樹，不時散發出陣陣花香。桂花樹下佇立著一頭石牛，看起來很可愛。

　　而志波彥神社前的小廣場，則是鴿子的休息落腳處，但一有烏鴉的叫聲，便驚得成群飛起。再往旁是神社的社務所，有一座很漂亮的日式庭園，可惜只能遠觀，禁止進入。

　　在離開塩釜神社時我們看見一個鬼鬼祟祟的中年男子，正覺得他行跡可疑時，他居然利用鴿子對人的信任以餵食的方式來捕捉鴿子。這真是一件令人目瞪口呆的事，害我們以為忽然回到台灣了……。

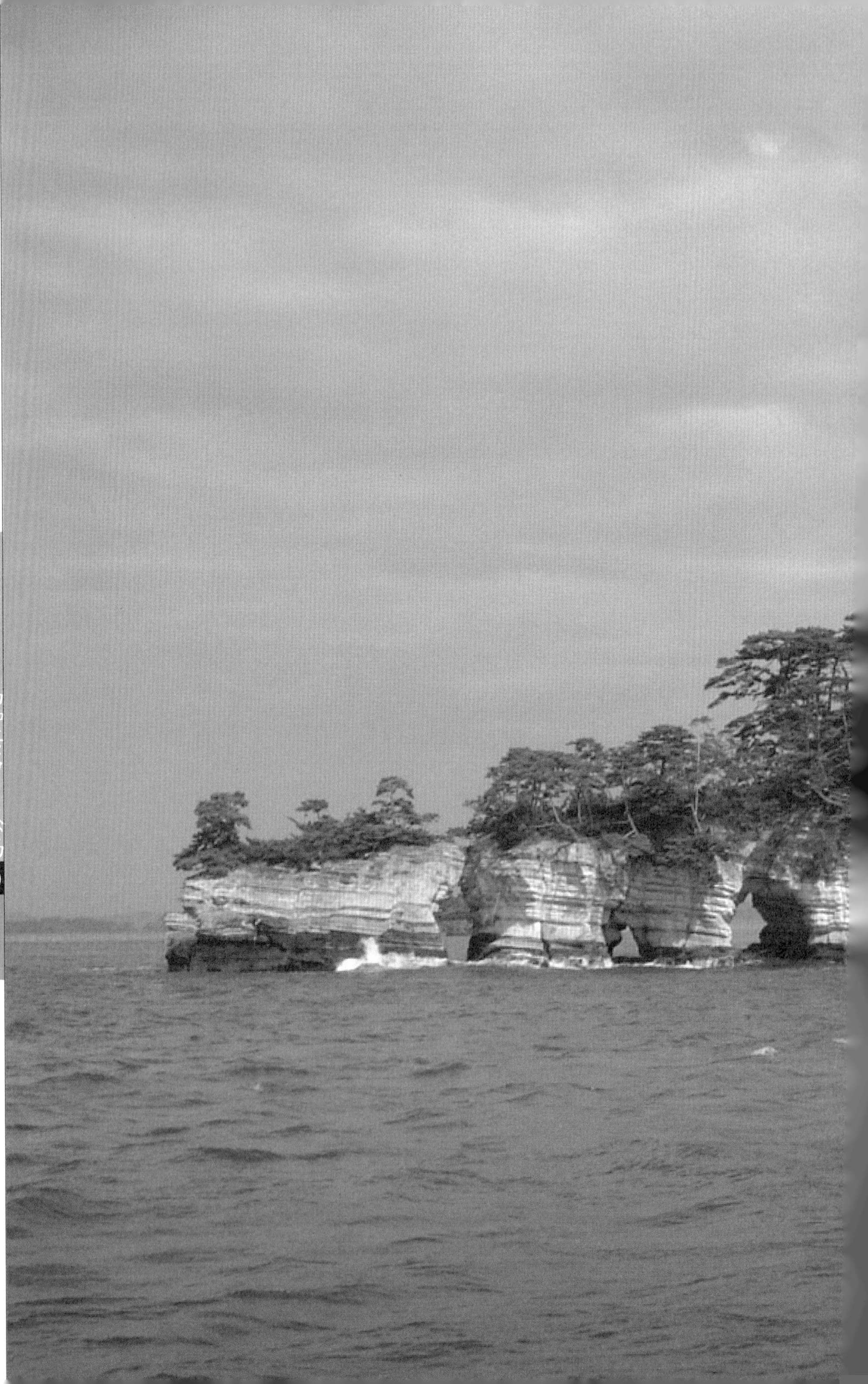

島如其名——松島

松島是日本最古老的歌集《萬葉集》中歌詠的陸奧國名勝之一。

江戶幕府時的儒學者林羅山之三男林春齋，

在其著作《日本國事跡考》中寫到，

「松島」和「宮島」及「天橋立」並稱日本三景。

頭也不回
的海鷗。

坐船遊《萬葉集》中歌詠的松島灣

順著東參道往回走，經過本塩釜車站往右走，約十五分鐘即可抵達塩釜港搭船。當我們接近港口時船已經要出發了，趕緊拼了老命衝向船邊，好險上船後還可以再補船票，因此雖然來不及去買票，船員仍然一直招手叫我們上船。

上了船之後，一看到的就是販賣各種零食與飲料的販賣部，除了給人吃的之外，還有賣專門用來餵食海鷗的小餅乾，而松島海岸邊的海鷗也的確專業，船向在岸邊未啟航，海鷗們便已迫不及待地來覓食了。只要向空中拋出，他們便十分精準地一口叼住，就這樣一大群海鷗一直跟著

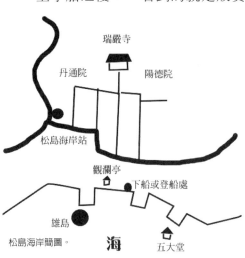

松島海岸簡圖。

↑松島啊！松島，果然除了松樹什麼也沒有。
╱和我們擦身而過的豪華觀光船，讓我們想到台灣一些風景景點的人工裝飾品。

我們的船，一路上只要看到其他的觀光船也必定會見到貪吃的海鷗尾隨在後，海鷗們也真是精明，發現乘客手裡的餅乾沒了，就毫不留情的離去了。

鳥兒離去後，我們才開始注意到周圍的松島島群。松島是日本最古老的歌集《萬葉集》中歌詠的陸奧國的名勝之一，江戶幕府時的儒學者林羅山之三男林春齋，在其著作《日本國事跡考》中寫到「松島」和「宮島」（位於廣島縣）及「天橋立」（位於京都）並稱日本三景。俳聖松尾芭蕉有一次旅行到松島時，也驚嘆松島是「扶桑第一好風景」，並且吟詠出俳句：松島啊！松島啊！松島啊！（因為太感動了，所以只能不斷地呼喊它的名字。

俳句的日文原文是「松島やああ松島や松島や」）現在為了保持這個美麗的景觀，全國高爾夫球的愛好者，也一齊努力種植松樹。

船上有日語的介紹，我

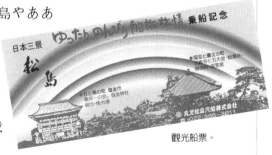

觀光船票。

還是松呀～整個海域上就充滿了這樣的小島。

們完全是鴨子聽雷，但不時可以看到船上遊客忽而衝到船的左側，忽而跑去船的右邊，即可猜到現在介紹的是那座島嶼了。

　　對我來說，島的名字不重要，因為松島灣內有二百六十餘座島嶼，眾島嶼上全都是松樹，真乃名副其實的「松島」。所以我只靜靜坐在椅子上，左右觀賞形狀大小不一的島嶼而已。

Tips:

◆松島町：
http://www.town.matsushima.miyagi.jp/
◆松島巡迴觀光船：
http://www.matsushima.or.jp/

五大堂坐落在岸邊的一個小島上，必須先經過一座小橋，不過這座橋的木頭與木頭之間是空心的，有懼高症的人要小心。

五大堂

　　遊船一到達松島碼頭，便可看到許多日本本地觀光團。我們看到往右走沒多遠即可到達五大堂，便決定在吃午餐前先前往參觀一番。五大堂是松島的象徵，現已被指定為國家重要文化資產。

　　現在五大堂的建築是慶長九年（西元1604年）伊達政宗所建，是東北地方最古老的桃山建築。建築本身是正方格局，屋頂的形狀是由瓦片堆疊成寶形造，沿著屋簷可看到十二生肖的雕刻。正面的扁額上刻的是「五太堂」，其實正確的名稱是「五大堂」。傳說佛龕內供奉的是慈覺大師手彫的五大明王，即

所謂奧之細道就是芭蕉遊覽過的景點。　五大堂的建築很樸實，和伊達家給人的一般印象不太搭。

中央的不動明王，東方的降三世，南方的軍多利，西方的大威德及北方的金剛夜叉，是平安時代中期雕刻的佛像。

　　這次我們到此參觀時是看不到裡面的，聽說之前曾經開放參觀，而下次開放參觀的時間則是在2005年8月的祭典。

　　碼頭的對面有一排餐廳和商店，建議要用餐的人可在此選擇，因為再往松島海岸車站的方向走去，店家將會越來越少，我們一開始便抱持著「看看有沒有更好的選擇」的心理，結果越走越遠，一路走到了松島海岸車站，在腿快斷了的情況下，只好在車站附近的兩、三家店選了一家坐進去。雖是用餐時間，但店內居然只有兩位客人，加上我們是四位。

　　由於外面櫥窗內的食物樣

從海邊眺望五大堂。

品，被玻璃的反光照得完全不知道是什麼東西，我們只好坐進去看它的menu，誰知居然沒有照片，我只好瞎點了一個キツネうどん碰碰運氣，貝鼻則照例點了一份天婦羅うどん（烏龍麵），等到餐端上桌，才赫然發

Tips:

桃山時代是一個史家劃分出來的短暫時代，約從西元1568年織田信長開始統一全國起始，到西元1598年豐臣秀吉逝世為止，只有短短的幾十年（起迄年代各家說法略有不同）。此段時期雖短，卻是日本美術史上的一個重要時期。此時織田信長建築安土城，豐臣秀吉則築城於桃山，受到西方文化入侵的影響，以及為展現新幕府的氣魄，而產生了絢麗的桃山文化，同時也是障壁畫的黃金時代。此次我們參觀的許多建築內都有金碧輝煌的障壁畫，多為狩野派的畫師所繪。

現是我最討厭的豆皮麵，豆皮和湯甜成一團，烏龍麵的口感則像米苔目般軟趴趴地沒有彈性，無奈只好囫圇吞下它，真沒想到同樣是麵，居然有店可以煮得這麼不佳，似乎還比不上自己的手藝呢。

　　飽餐過後，貝鼻厚起臉皮跑去請店裡的媽媽桑幫我們的水壺加滿水，我們才出發回到松島遊船碼頭對面的瑞嚴寺。

瑞嚴寺

　　瑞嚴寺的正式名稱叫做「松島青龍山瑞嚴圓福禪寺」，現在隸屬於佛教臨濟宗妙心寺派。

　　瑞嚴寺創始於平安時代、天長年（西元828年）時，比叡山延曆寺第三代座主慈覺大師，奉淳和天皇之詔命，率領三千

瑞嚴寺前表參道道上的小店，穿白色衣服的和尚是假的喔！

瑞嚴寺的入口。

Tips:

瑞嚴寺

◆費用：日幣700元（大人）。

◆瑞嚴寺：http://www7.ocn.ne.jp/~zuiganji/index.html

◆交通：從仙台市搭乘仙石線到松島海岸站，下車後走路約5分鐘可到（如果是從別處搭乘東北本線，則是在松島站下車）。

學生及堂眾在松島建立的；且為了與延曆寺有所匹敵，所以取名為延福寺。

天台宗的延福寺從鎌倉時代中期開創以來，歷經二十八代約四百年後滅亡，再由法身禪師開山，並改名為圓福寺。

圓福禪寺正確的開創年代雖已不可考，但是在歷代住持的努力經營下，勢力擴展到岩手縣的南部，寺廟的地位大為提高，僅次於五山十刹。但是到了戰國時代又漸漸衰敗，改而隸屬妙心寺派。

慶長五年（西元1600年）關原之戰後，伊達政宗開始建造仙台城，連神社佛寺也一併建造，像仙台大崎八幡宮、陸奧國分寺藥師堂等也陸續完成。

現在的瑞嚴寺在建造當時是花費了許多心血的。他們從紀州（和歌山縣）的熊野山中把木材砍出來，在海上捆成木筏運送。

工程開始於慶長九年（西元1604年），由伊達政宗親自把捆成木筏的繩索砍斷，直到慶長十四年（西元1609年）完成，前後經歷了五年的時光。

瑞嚴寺的發跡，在伊達時期算是受到很好的庇護，這時的瑞嚴寺居然有九十多個分院，是領域內十分有規模的。但到了明治維新時，

Tips:

慈覺大師本名円仁，出生於延曆十三年（西元794年）下野國都賀郡（現在的栃木縣下都賀郡）的豪門之後，九歲時就跟隨著都賀郡小野大慈寺的住持廣智法師修行，十五歲時則跟隨比叡山傳教大師最澄法師。承和十四年（西元838年）隨著遣唐船到中國的大唐修行，到承和十四年（西元847年）才回到日本。回國後頗得朝廷的信任，在齊衡元年（西元854年），六十一歲時擔任延曆寺的住持（江戶時期寺廟的住持是由朝廷任命），並授與清和天皇菩薩戒。貞觀6年（西元864年）七十一歲時圓寂，兩年後被封大師號，成為日本第一個被封為大師的法師，諡號慈覺大師。在關東以北的地方，以慈覺大師為祖師的有日光山、埼玉縣川越市的喜多院、福島縣伊達郡的靈山寺、松島的瑞嚴寺、山形市的立石寺、岩手縣的中尊寺、毛越寺、秋田縣的蚶滿寺、青森縣的圓通寺等等。

鰻塚？鰻魚之塚？

因為「大政奉還」的政策而開始廢佛，伊達家將版圖及戶籍還給朝廷後（版籍奉還），寺院的領地也開始裁撤。從瑞嚴寺開始，松島的許多寺院也受到轟炸、燒毀及衰敗，而瑞嚴寺卻在當時的住持——太陽東潮的努力之下，維持住重點部分。

到了明治九年，這裡作為天皇的行宮，君主賜給他們許多錢，才能夠再度復興。所以瑞嚴寺現存的本堂、御成玄關（只開給天皇走的玄關）、庫裡（僧人居住的地方）、御成門、中門及太鼓塀都成為指定的國家重要文化資產。

一進入鳥居，即為一排排杉木林立兩旁的參道，我們並未由參道進入，而是走到右手邊的鰻塚，有長長一排各式的佛像石雕，一路上，只聽到日本人讚嘆聲不斷。

到達買票的地方，買了票後還須再走進去中門，進了中門後兩旁有兩株臥龍梅，左邊是白梅，右邊是紅梅，這兩株梅是政宗文祿二年（西元1593年），豐臣秀吉出兵朝鮮回來時，用頭盔當成花器帶回來；並於慶長十四年（西元1609年），瑞嚴寺落成典禮時，由政宗親手栽種的。由於梅形姿態酷似臥龍而

過了鰻塚之後就有許多的小山洞，裡面有些還刻有石像，可能是僧侶修行的場所。

得名。因為花季是四月，所以這時我們只觀賞到光禿禿的兩株大樹。

1.本堂

中門的正對面便是本堂了。本堂正面有39公尺寬、25.2公尺深；內部有禪宗方丈式樣的房間、加上武士的書房共十間，是國寶級的文化財。正廳是孔雀の間，是做佛事的房間，懸掛著繪有四大金剛的旗幟，障壁畫上面畫的是孔雀，也就是佛教誕生地的鳥。從右到左依序為冬→春→秋的變化，代表超越了世俗的時間。

孔雀の間裡面尚有佛間，本尊安置了聖觀世音菩薩立像，本尊的左側是伊達政宗的牌位，右邊則是第二代的忠宗牌位，感覺是滿金壁輝煌的。

2. 文王の間

順著參觀方向的指標往左走，是文王の間，它的障壁畫畫

本堂前的臥龍梅，還是光禿禿的，對面還有一株白色的臥龍梅。

的是「周文王狩獵圖」。沒錯，別懷疑，就是中國的周文王。上面畫的是以周文王和太公望呂尙兩人會面的情景爲中心，再畫出宮殿和首都洛陽繁華的樣子，這也就是希望仙台能和洛陽一樣的繁榮。

3. 上段の間

隔壁是上段の間，是文王の間的裡面的房間。這個房間是一間有漆成黑色框的華麗的凹間（日式客廳會有的），飾有火頭窗（像火焰的形狀），還有交錯的隔板的書房，特別的是，火頭窗上還有很漂亮的金飾。右邊的壁板有四幅障壁畫，本來應該是和帳台構（主人私人用的房間）相鄰的，但卻是隱藏武士的地方，以便隨時呼叫他們出來。

4. 上々段の間

上々段の間的西南方，還有一間凸出去的小房間，叫上々段の間，是爲了迎接天皇而建的。這裡的障壁畫畫的是紅色和白色的椿樹，還有迦陵頻伽（佛教中一種想像出來的鳥，有很好聽的聲音）和仙女亂舞。相對於中國的周朝繁榮了八百年，這幅畫上的椿樹樹齡是八千年，代表著「祈禱皇室永遠繁榮」的意思。這個房間只能從一個小小的地方看進去。

5. 羅漢の間

再往前走，是羅漢の間，裡面放置了替伊達政宗殉死的二十名家臣以及家臣的隨從，還有爲伊達忠宗殉死的十六名家臣及其隨從的牌位。房間內裝飾有十六羅漢圖，這麼多的牌位加上羅漢圖，再加上這個房間很狹小黑暗，感覺十分陰森恐怖，我們沒有多作停留，便趕緊走向下個房間。

6. 墨繪の間

下一個房間是墨繪の間，在明治維新前，是住持的接待室，顧名思義，障壁畫上面的畫看上去是水墨畫，畫的是「龍虎」、「寒山拾得」及「豬頭和尚」。

不過遠觀起來看得不甚清楚，不知是原來顏色就很淡，還是年代久遠，顏色都已經褪去了。

7. 菊の間及松の間

再來是兩個比較小的房間，叫菊の間和松の間。菊の間是給醫師的休息室，裡面畫的都是菊花，底色是金光閃閃的金色，還很鮮艷哦。松の間沒有說明用途，裡面也是在金光閃閃的底色上，畫上鮮綠色的松樹，還有櫻樹、長尾鳥和鴿子。這兩個房間和墨繪の間比起來，感覺非常俗麗。

8. 鷹の間

　　最後是鷹の間，在維新之前是做為伊達家的武士休息室。裡面畫了象徵堅毅的柏樹和檜樹，還有鷹捕獵兔子和白鷺的畫面。鷹的畫是讚揚伊達家以一當千的勇敢的象徵。

9. 御成玄關

　　御成玄關是皇室專用的玄關，是不開放給一般人行走的。我們參觀時正好在整修，所以也不知道是什麼樣子。連接本堂和庫裡的回廊也是不開放的，現在庫裡和回廊都有人居住使用，所以我們只能瞥一眼。

Tips:

瑞嚴寺開放時間一覽表

日期	開門	閉門
1/1~1/31	8:00	15:30
2/1~2/28	8:00	16:00
3/1~3/31	8:00	16:30
4/1~9/30	8:00	17:00
10/1~10/31	8:00	16:30
11/1~11/30	8:00	16:00
12/1~12/31	8:00	15:30

◆說明：因為季節不同，天黑的時間也差很多，所以越靠近秋冬，幾乎所有的觀光景點也就越早閉館哦。

瑞嚴寺寶物館

　　本殿看完後，轉去「寶物館」，也就是博物館。

　　博物館展出一些伊達家族的出土文物及木像。除此之外，還展示了本堂中上段の間和上々段の間，房間的尺寸和本堂的一樣，只是本堂裡的壁畫經過幾百年的歲月，已經嚴重褪色，後來經過十年的修理和復原摹寫，展示在這個博物館中。因為這些文物已經被指定為國家重要文化資產，為了防止其受損褪色，所以只在一定的時間公開展示，幸運的我們，剛好碰到展示期喔，所以可以比較靠近地觀賞這些壁畫，經過修復，感覺上是比本堂裡的來得精緻。

　　地下室的青龍殿是保管和展示瑞嚴寺的各種寶物，也是花

宝物館
（青龍殿）

松島 瑞巖寺

　　了十年的時間對這些寶物進行修復，包括了伊達家歷代藩主的
畫像、書法遺跡等，還有伊達政宗的盔甲像，他的正室夫人陽
德院愛姬及長女天麟院五郎八姬的木像，看起來還頗為栩栩如
生呢。

　　出了瑞巖寺後，往後走是圓通院。圓通院是仙台第二代藩
主伊達忠宗的次男──伊達光宗的祠堂。裡面似乎有一些西洋
傳來的飾品，以及列為國家重要文化資產的三慧堂，不過因為
還要300元日幣的門票，所以我們只站在門口觀望了一下，看
看門口即可觀賞到的美麗楓樹，就離開了。

　　後來在網路上查看圓通院的資料，才知道裡面其實很漂
亮，像個庭園似的，不過我們從外面不小心逛到它的墓園，以
為圓通院陰氣森森地，所以也就不想進去，其實裡面是有挺不
錯的景觀。

Tips:

◆瑞巖寺寶物館：
http://www.entuuin.or.jp/
◆円通院（位於瑞巖寺旁）：http://www.entuuin.or.jp/

觀瀾亭

為了去觀瀾亭，我們又折回碼頭那邊，參拜費是200元，從亭前可看到松島的景觀，視野非常好，難怪伊達家會選擇在這裡接待藩主及賓客。

觀瀾亭這座建築物，是文祿年間，伊達政宗從豐臣秀吉那裡拜領的一棟桃山城的宅邸，傳說第二代藩主忠宗把這棟建築從江戶品川遷移到此地。

觀瀾亭的建築風格簡樸明快，裡面的障壁畫則極富壯麗的色彩，是屬於桃山時期的建築。作為藩主納涼及賞月的亭子叫作「月見御殿」，在正式的記錄中，觀瀾亭是藩主及其女眷在遊覽松島時，以及幕府巡見使等在各地方巡視時投宿或作為臨時住所的地方。

1. 御座の間

從外面可以觀賞到御座の間，這是藩主招待賓客的地方。此處的凹間、障壁畫及拉門等都貼著金箔，上面描繪著色彩極為鮮艷的以檜樹、槙樹及式笹竹等為中心的林木花卉和溪流的彩繪，其構圖和上色的方法，是著名的狩野派系統（日本畫的一個流派，是以中國畫為基調的日本畫的最大畫派。此畫派的祖師爺是狩野正信。一般說來，在桃山及江戶時代，將軍家御用的畫師多為此派畫師）的畫師的遺作。

在凹間還可以看到所有台灣遊客必定認得的四字扁額「雨奇晴好」，這個扁額是第五代藩主吉村公的筆墨（寫得很漂亮哦），而這四個字則出自於中國宋代著名詩人——蘇軾的詩作：「水光瀲灩晴方好，山色空濛雨亦奇。欲把西湖比西子，淡妝濃抹總相宜。」真是太令人感動了，這應該算是日本愛慕中華文化的表現之一吧。「觀瀾亭」也是這位藩主吉村公所命

觀瀾亭，裡面金壁輝煌的，伊達家的人真是太享受了，居然為了看海而特別蓋一座亭子。

名的。

觀瀾亭的門票。

2. 松島博物館

觀瀾亭旁邊有一個小小的
松島博物館，展覽了一些伊達
家族及中世武士所用的盔甲、用具、服飾等，及伊達政宗
和武田信玄的真跡。還有從空中鳥瞰松島的五千分之一的立體
模型。

在雄島岸邊過著「看海的日子」

從松島博物館出來後，我們往左沿著馬路欲前往雄島，路
程有點遠，這個小島沒什麼觀光客，大概是因為位置較為偏僻
的緣故吧，所以顯得特別僻靜，適合散散步，在面海的地方也
有坐椅供遊客休憩，順便觀賞松島的遠景。唯一美中不足之處
就是海風太大，吹得我們直發抖。

要走到雄島時，會先穿過一座漆成紅色的渡月橋，一過橋

雄島上的一座小亭。在參觀的時候還發現有釣客把魚具藏在裡面。

即可看到嵌有佛像的岩窟。雄島有一百零八個洞窟（當然，我們並沒有全部看完），在祈禱死者往生淨土的洞窟內壁上，可看到往昔雕刻的卒塔婆、佛像及法名等。

從過橋後往左走，可看到見佛上人誦讀六萬部《法華經》的見佛堂遺跡。不過我們一開始是往右順著石階走，所以自始至終只有在雄島岸邊過著「看海的日子」，渾然不知原來建議遊客踏足雄島也是有其原因的啊。自然也就錯過了被指定為國家重要文化資產的賴賢の碑（奧州三個古碑之一，上面除讚揚賴賢庵主的德性外，還記述了昔日松島的情形），以及有俳聖芭蕉遺跡的松吟庵跡。所以建議要去雄島的人，在渡過渡月橋後可先往左遊覽。

從雄島回程時，才發現可沿著山邊的小徑走，再穿過一些小巷道即可通到車站，不但不用走在大馬路上吸廢氣，也不必再穿過幽暗的松島隧道，感覺上路程也近得多。

仙台市區逛百貨哈拉行

我們搭下午四點零二分的JR仙石線回仙台，又遇到一些下班下課的人潮，隨著火車越往仙台市的方向駛去，人也多了起

來。回到市區，我們先回旅館放下背包，用旅館的電腦，藉由MSN和ICQ和同事們哈啦了一下，才出發前往百貨公司。

百貨公司內人非常少，比駐足書店的人少得多，衣服也滿貴的，而且有些衣服居然可以分期付款，十分有趣。衣服太貴了，非我們能力所及，於是我們便轉戰超市，買了一袋橘子，此時百貨公司也快打烊了，很多商品都開始貼上「割引」（打折）的標籤，橘子原價日幣498元，沒想到結帳時已變成398元；吐司原價日幣160元，特價148元，再貼上「半額」（半價）的標籤後，居然變成74元，真是便宜，照這種物價，要參加日本節目《黃金傳說》，用一萬元日幣過一個月，似乎也不是不可能的事。如果不是有些東西無法隔夜，還真想買來當明天的午餐享用呢。

晚餐時我們又回到仙台車站，進入我們二年前第一次到仙台旅遊時便光顧了兩次的餐廳，此時正值日本人的晚餐時間吧，店內擠滿了男性顧客，幾乎人手一杯啤酒，我們以手指點餐後，便開始在煙霧繚繞中（因為餐廳中的男性多半在吸煙）享用我們的晚餐了。

飽餐過後最大的享受便是回到旅館去泡澡，使用的是東橫INN專門提供給女性的入浴劑。雖然七點半便已回到旅館，但隨便泡個澡、看個電視、整理一下行李，也已十一點半了，好睏啊！

要附帶一提的是，以賞楓為此行之主要目的的我們，自抵達日本至今，尚未看到期待中的一片楓紅，內心不免有些失望。對於一片暗綠的日本三景之一的松島，也就覺察不出其殊勝之處。對於以賞楓為主的行程，筆者不推薦此景點，因為該處鮮有別種植物，是名符其實的「松」島哦！如果日本人要哀嘆筆者的不解情趣，本人也莫可奈何了。

日本第一湖——田澤湖

田澤湖是日本最深的火山口湖，四面環山。
聽說平時是「湖水澄澈，深可見底」，
但此時卻呈現深藍色，配上天空一層厚厚的灰暗的雲層，
頗有一股「山雨欲來」之勢，
再加上四周空無一人，更增添了一股神秘的美感。

往盛岡出發

早上醒來，已經是六點四十分了，預訂的鬧鈴沒響，空調也被關掉了，在不知爲何發生這種怪異事件的情況下，我們迅速盥洗完畢，下去吃早餐。本以爲早點下去人會比較少，誰知大廳中早已人滿爲患了，只好和別人共桌。好險大家吃東西的速度都很快，大概是商務飯店的緣故吧，餐點的選擇性少，填飽肚子後也不會想再多停留。

行程中排定的是前往八幡平山，因此必須從仙台往盛岡出發。由於起床的時間有點晚，而且預訂要搭的車次又很早，所以吃完早餐後也無暇上網查八幡平的天氣（因爲旅館大廳中已有人在使用電腦），便匆匆上樓收拾行李，準備出發。

八點多到了車站，先去綠窗口劃位。我們搭乘八點十八分はやて1號的新幹線，全車指定席，可惜我們無法劃到在一起的坐位，雙雙被夾在男性上班族當中。坐在我旁邊的歐吉桑一直「閱讀」著一本厚厚的時刻表，但顯然時刻表太過複雜，所以車掌經過時便叫住他，乾脆用問的。此時我才發現，原來他們的車掌也叫做「車掌」耶。

沿途有許多平原，但是依然毫無楓葉的蹤跡，只有一些變色植物聊以安慰。越往北走，發現一路上盡是綠油油的景色，內心也不禁著急了起來，該不會從頭綠到尾吧？！

到了盛岡車站，先找今晚要下塌的旅館，雖然明明在旅館的說明中寫著只離車站一分鐘，但剛下車時因爲一時搞不清南北，偏偏運氣不佳，我們選擇了剛好相反的方向，等於是跑到了後火車站。

站在出口好一會兒，怎麼樣也找不到離車站「一分鐘」的旅館，只好猜想大概是找錯方向了。不過找旅館的過程中，我

們發現遠方有一座
高山上佈滿了積
雪，在陽光的照射
下美麗得不得了，
不由得痴痴的欣賞

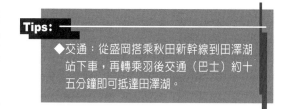

Tips:

◆交通：從盛岡搭乘秋田新幹線到田澤湖站下車，再轉乘羽後交通（巴士）約十五分鐘即可抵達田澤湖。

了一會兒，但不愧是已經來到北國的範圍了，才站了一下子，我們倆就開始打起哆嗦了，只好加快腳步離開。

　　總算在「前站」的對面看到了東橫INN，雖然就在眼前，但卻不能直接從中間穿越馬路過去，必須從兩旁的斑馬線或地下道才能到達對面。我們把行李寄放在旅館，省下了一筆在車站寄物的費用，便去車站內尋找八幡平的相關資訊。

看秋天的顏色？

　　由於到八幡平沒有火車直達，事先找的資料中雖然有巴士班次的時間，但卻看不出來在那裡搭車，我們便決定到觀光案內所去探個究竟。

　　好加在我們遇到的小姐能夠以流利的英語跟我們溝通，我們問她如何到達八幡平？只聽她很親切地回覆我們：你們恐怕不能去了！看到我們驚疑不定的表情，又趕緊補充說明，因為八幡平下雪了。聽到這句話，我們簡直是心花朵朵開，完全不去思考自己是否有足夠保暖的衣物，只一心沈醉在可以「順便賞雪」的竊喜中。

　　正想開口告訴她說我們不介意下雪，我們還是要去時，這份意外之喜又立即被小姐接下來的說明給粉碎了──前往八幡平的道路封住了，昨天還有通車，但今天就封路了。原本飛上天堂的小鳥又落回凡間了，這下慘了，今天一整天的時間便是要獻給八幡平的，如今去不成了該怎麼辦呢？一面心裡這麼想

車站中宣告田澤湖遊覽船停駛的告示。

著,一面又無意義地懊悔著「如果是昨天不是去松島而是去八幡平就好了」。我們兩人面面相覷了好一會兒,只好無奈地把明天的行程拿出來預支了。

我們詢問了一下去田澤湖的路線,她問我們想不想看秋天的顏色(autumn color),想啊—想啊,我們就是為了看秋天的顏色而來的啊!她順便建議了抱返溪谷,並大略解釋了一下去的方法。本來我們不確定是否會去抱返溪谷的,因為交通不太方便,這下子只好非將它排入行程不可了。

「紅、黃、綠」色的田澤湖地區

今天就先去田澤湖吧!我們搭乘十一點零一分出發的こまち5號秋田新幹線(こまち是小鎮或古鎮的意思,頗能符合東北地方的景致),沿途一開始並無特別吸引人的景色,後來便

出現了零零落落的楓葉，越往田澤湖的方向駛去，在一片片平原盡頭的山上，便開始出現我們期待已久的景色，組成紅綠燈的三原色——紅、黃、綠色，在這眾多調色盤上，自行拼湊出一片片動人的色彩。但由於每座山上也都有大片的針葉林，所以一座山常變得像派一樣，以一塊一塊三角形區分成綠色和混色的模樣。

十一點三十五分到了田澤湖站，下車時不由得要大喊一聲～「好冷啊」！連日本人也紛紛邊喊著「好冷啊」，邊穿起外套拉緊衣領。

正當我們想在車站內找些旅遊資訊時，突然發現貼在柱子上的一張告示，宣告田澤湖的遊覽船由於強風及湖水過淺而停駛。這是繼八幡平下雪封路後的第二個打擊。

但既然我們省吃儉用才湊足了旅費來到日本，怎會因一點強風而退縮呢？沒有船就算了，還有腳踏車出租呢！再不然，也還有雙腿可走啊！懷著這樣的勇氣，便朝巴士站走去。

巴士站旁即可看到遠方的山頭已覆上白色的積雪，和我們在盛岡車站看到的，不知是否為同一座山，我們私心將它當作八幡平來欣賞一番，稍稍彌補不能親至的遺憾。

田澤湖畔的姐妹花

到了巴士站，發現繞行田澤湖一周的巴士已於十一點半離去，我們只好匆忙搭上已到站的一班行經田澤湖的巴士。

車行約十二分鐘即到，車資是日幣350元。一下車，我們便親身感受到那股迫使遊湖船停駛的強風，可真不是蓋的，還來不及欣賞湖光山色一眼，便立即將我們吹進車站旁的販賣部去了。一進販賣部，便發現要來遊田澤湖的旅客，大約已經在這裡齊聚一堂了。沒有人願意冒著寒風出去，大家只好假裝對

展售品十分有興趣似地東逛西逛。

此時為了補充體力來抵抗寒風，本想在窗邊的桌椅上吃昨晚在超市買來，為了在八幡平山頂上享用的午餐——吐司夾炸豬排＋橘子＋自備的保溫壺中的綠茶，但又唯恐店家不悅，便想去湖邊找個地方來野餐。但我們似乎過於輕視這股強風了，越靠近湖邊，呼吸越是困難，更別提張口吃東西了，連話都講不出來了，一頭長髮也不用特效地自動顯現出白髮魔女發威時的效果。我們努力地在湖邊移動了一小段距離，卻連一面可以擋風的岩石或人工的亭子之類的都沒有，只好在連沙灘都無法靠近的窘境下，再度躲回販賣部。

在躲回溫暖的房子之前，我們想起旅遊雜誌上說可以騎自行車遊湖，雖然比起乘坐繞湖巴士或遊覽船來是較為辛苦，但如果怕吃苦就不會來自助旅行了，所以我們頂著阻力十分強大的寒風，奮力走向腳踏車租車處，還一邊自嘲著，在這種情況下，會不會騎來騎去都是在原地打轉啊。結果天可憐見，上天並沒有給我們騎著自行車在原地打轉的機會，天真「爛」漫的姐妹花，竟然沒有想到，連船都走不動了，誰還有辦法騎腳踏車啊，當然是掛上「本日休業」的牌子囉！

雖覺可惜，但足堪慰藉的是，我們可是田澤湖畔最勇敢的一對姐妹花了，湖邊可是一個行人也沒有哦，只看到一個台灣觀光團跑到飲水思源像前拍了一張到此一遊的合照後，便一轟而散地躲回屋內，我們至少還嘗試在湖邊走了一下。

再度避難回販賣部的我們，顧不得禮義廉恥及小販的心情了，拿出冰冷的午餐就吃將起來。飽餐一頓後，勇氣又從溫暖的腹部生出，雖然今天已經歷經了八幡平封路、遊覽船停駛、錯過繞行田澤湖的巴士、腳踏車沒處租等種種打擊，我們仍鼓起勇氣想靠雙腿來征服這個景點。於是便將頭髮紮好、帽子及

波濤洶湧的田澤湖。

手套戴上，沿著湖周邊的馬路散散步。即使是從離湖邊略有段距離的馬路，仍可看見在陰暗的天色下，湖面浪濤洶湧的壯觀景象。這種感覺簡直和在台灣花蓮海岸觀浪濤沒什麼兩樣，如果不是風太大，駐足湖邊觀濤也是滿不錯的。

　　田澤湖是日本最深的火山口湖，深423.4公尺，周長約20公里，四面環山，聽說平時是「湖水澄澈，深可見底」，然而此時則呈現深藍色，配上天空一層厚厚的灰暗雲層，頗有一股「山雨欲來」之勢，再加上四周空無一人，更增添了一股神秘的美感。

　　由於即便乘坐繞湖巴士也要花費約一小時的車程，以我們的腿力，連一個湖邊的景點也到不了，回想起坐巴士來的路上，沿途風光不錯，越挫越勇的姐妹花便決定順著來時路走回

陽光對風景來說真是太重要了，同樣的地方當有陽光照射時充滿了各種豐富的色彩，但只是陽光一躲起來，就變得黑黑灰灰的。

遠方的山上還看得見白雪呢！

去，以彌補今天諸多不順的遺憾。

　　一開始，沿途的山巒的確十分美麗，路邊也不乏有幾株火紅的楓樹，我們踩著滿地落葉，邊聊邊走邊拍照，邊把沿路景觀一一取上不得不被我們捨棄的景點名稱，並為陽光在五顏六色的山巒上造成的特效驚嘆連連，其愜意之情，一點也不亞於在田澤湖畔喝西北風，今天的不順也似乎在此時得到了撫慰。

住戶旁火紅的楓樹，這大概是我們在日本看到最紅的樹葉了吧！

　　靠著號稱「活的趴趴走」（「趴趴走」是一種衛星定位系統，用來找路的）的貝鼻的引導下，到了第三個十字路口便有衛星失靈的窘境了。我們耐心在路口等待經過的JR巴士，以便看它往那個方向開，方才每隔幾分鐘就呼嘯而過的巴士，此時卻突然銷聲匿跡，彷彿要跟我們作對似的，硬是任憑我們苦等不至。正當正打算要攔車問路時，號稱路痴的我，突然發現了一個似曾相識的指標，當下決定朝這條路繼續前進。

藍色架子是裝燃油的東西。

路邊住家養的小狗，好像在嘲笑兩個笨瓜，坐車十五分鐘的路程但是必須花三小時來走。

　　一路上，除了遠方的山巒依舊美麗外，路旁偶爾也有一些住家庭院內，種著葉子正火紅的楓樹，並且幾乎家家戶戶的門外，都有一個類似合起來的大型烤肉架的東西，不知是什麼，我們一直摸不著頭腦。回台後，寫信問了遠嫁日本的朋友，才知道原來是裝燃油的東西，用來取暖的。我們就這樣從下午一點多一路步行了三個多小時，終於來到市區。

散步三小時終於走到市區

　　來到了市區，這裡並不如想像中的熱鬧，仍然像我們沿路走來的路上一樣，罕有人跡，只有兩、三個放了學的幼童，邊走邊聊天。

　　我們很快又面臨了十字路口的選擇，這次倒是不到一分鐘就有一台JR巴士經過，本想追隨其方向，轉念一想，既然到了

市區，路上的巴士必然不會只有一種，似乎不宜隨便跟隨，正猶豫間，正好看到三位婦人走在路上，便決定問一下路，結果一問之下，證明果然差點走錯路。其中一位婦人正好要去車站，便邀我們一起走。

那位婦人似乎正在趕時間，所以一路急行軍似的，我們幾乎不時要小跑步以便跟上。在「散了三個小時左右的步」之後，雙腿已是像灌了鉛似地又重又硬，不知何時開始，已經只顧著「走路」而忘了觀看風景了。此時卻又不得不提起勁來加快腳步。

離開田澤湖畔後，像變了個天氣似地，一路都是好天氣，所以一加快步伐，不禁汗水與鼻水齊流。婦人間或問我們一、兩句問題，聽到後來已經超出能力範圍了，只好一律回答：不知道。這一回答，嚇得婦人立即停下腳步，又問了我們幾個問題後，赫然發現我們居然不懂日語，此時《小丸子》的三條黑線早已佈滿我們兩人的臉，《城市獵人》的烏鴉也飛過好幾回，只聽那婦人喃喃嘟囔了幾句，繼而問我們要搭幾點的車。

「わかりません。」我們答道。

（婦人瞪大眼，略為提高音調）「わかりません？」

此時我內心更為緊張，因為婦人表情似乎略為不耐，我聽她一直在講電車，不由鼓起全身的勇氣，跟她說我們要搭的是新幹線，婦人顯出原來如此的表情（原來她一直搞錯了，以為我們也是要去搭電車，而我也在

呵呵…我們是來旅遊還是來趕行啊？

我知道來太好了…明之坐車村15分鐘就…

此時才知道原來婦人不是要去搭新幹線，而且電車和新幹線的車站並不在一起），但她二話不說地又往前行，本來心中七上八下地唯恐婦人要半途棄我們而去，現在看來顯然她要自認倒楣地繼續帶路，雖然內心充滿了「無意間欺騙了無辜路人」的歉疚，卻也終於為我們能夠不被拋棄而鬆了一口氣。

當我們終於看到熟悉的JR車站時，不禁歡呼「到了，就是這裡」，婦人也立即揮手向我們道再見，我們連忙鞠躬道謝，內心十分感動，在語言不通，而她自己本身正在趕路的情況下，她並沒有放棄我們，否則我們兩人真不知道該怎麼辦。雖然我們不知道您的大名，但很想說一聲：大嬸兒，謝謝您。

到了車站，依電子看板上的時間選了最近的一班車去劃位，本來想坐下午四點零二分的JR，卻已沒有空位，站長好心地走過來用英語解釋，如果我們坐三點四十六分的Local-train，四點四十分左右即可到達盛岡，但如果我們坐下一班四點五十多分JR，要五點多才會到，隨即問我們要不要坐那班Local-train。當然好，有的坐就好。

站長接著又指示我們去第二月台，看著我們穿越天橋到達對面月台，便指著前方大叫もりおか（盛岡），我們以為要再往前走，便加快腳步往前，卻又聽站長大叫「那裡就好」，我們才一站定，Local-train已經進站了，雖然這個時候才三點半，還不到發車時間，我們狐疑著上了幾乎全空的電車，看看對面的站長已經轉身進去了，大概是看我們沒上錯車吧，也就安心下來了。

日本鐵道上「幹」字的藝術

從盛岡往仙台回程的路上，碰到一次和JR新幹線會車，我們乘坐的本地線得先停下來，等新幹線列車先行駛。

雖然沒有楓葉，銀杏樹倒是開得很美。

爲什麼會有這種情形呢？這就得先談談日本新幹線系統了。如果加上2004年3月啓用的九州新幹線的話，日本共有八條新幹線的營運路線。這八條鐵道當中，除了我們這次在東北地方常有機會乘坐的秋田及山形新幹線外，其軌距都是採用143.5公分的標準軌，比起一般列車的106.7公分的窄軌鐵道要來得寬。

　　山形新幹線（Yamagata）從福島至山形，爲迷你新幹線，有部分路段是和在來線共用，形成特殊的三線軌道，全長87公里；秋田新幹線（Akita）則是從盛岡至秋田，亦爲迷你新幹線，全長127公里。也就是因爲如此，所以我們在這裡可以看到鐵道旁豎立著一個對我們來說，看了會令人想捧腹狂笑的交通號誌──「幹」！

　　各位可千萬別誤會哦！像在下這麼有氣質的美女是不會口出粗言的，我只是在「唸」一個交通號誌罷了。一開始看到這個號誌，驚訝的美女們不禁要帶著懷疑的口氣大喊一聲──「幹」？並且丈二金剛摸不著頭腦，爲何平日彬彬有禮的日本人，要在鐵道旁大罵三字經呢？後來當我們的列車停下來時，才從車上的廣播中隱約聽出，現在正要和新「幹」線會車，要讓新「幹」線先行通過，所以我們要等幾分鐘。

　　原來如此啊！

　　笑完之後，疲倦的我們，相繼在車廂內睡著了。還好後面幾站，下班放學的人潮多了起來，等我被吵醒時，已經到達盛岡了，連忙抄起背包下車。

　　我們先回旅館去check in，在床上休憩了一個小時，才有力氣去吃晚餐。

　　我們選擇在車站旁的百貨商場地下街用餐（因爲懶得走到較遠的地方）。從旅館得穿過一個地下道，才能到達對面的盛

岡車站，夜晚的地下道，像台北市的地下道一樣，有兩、三組表演者佔據著一角，正賣力地唱著歌，不過行人稀少，會給賞錢的也就不多了，不知他們主要是為了興趣還是為了賺錢。

晚餐我點了一道飯上面鋪了一層弄成糊狀的生魚片的丼，附一碗麵湯、一塊豆腐和一點醃蘿蔔，味道普通，其實在日本吃到不甚好吃的食物的機率還滿大的。吃完後便回旅館泡澡休息了。

這幾天用筆寫日記，深深懷念起有電腦的好處。平常打字打慣了，現在每天得拿筆寫字，不由得覺得很辛苦，速度也很緩慢。即使只是短短的一、二千字，往往也要花費兩個小時以上，如果能隨身帶著筆記型電腦，不但可以快速記錄，也能把數位相機的檔案輸入硬碟中，就不用另外花個幾千元買攜帶式硬碟了。不過想歸想，要我們兩個弱女子扛著數公斤重的筆記型電腦，還是拿筆算了吧！

東北小京都
——角館武家屋敷

武家屋敷街道的兩旁，充滿了以前武士居住的房子。
而武士的家中大門是專讓客人進出用的，
且必須是夠尊貴的客人喔！
一般人使用的則是旁邊的小門。

滿是日語的早餐時光

今日氣溫比昨天高了4℃，地上仍是濕的，我們提早十分鐘下樓，本想上網查一下抱返溪谷的天氣，但正好有幾位台灣來的歐吉桑和歐巴桑也正聚集在電腦前，只好作罷。

　　早餐不到七點就開始了，等七點多一點，大廳就已坐無虛席，自然也有日本人來和我們共桌。吃著吃著，大約是因為聽到我們的交談吧，旁邊的日本人突然好奇地問我們從那裡來。日本人很奇妙的一個特質是，他們明明知道你不是日本人，卻固執地用日語來跟你交談。在很多與當地人交談的經驗中，即使我們已經表明不懂他們說的話，為了解釋，他們仍會滔滔不絕地用日語繼續說明，除了少數幾個會講英語的人例外。他們並不會因為你聽不懂，就掉頭走人，只是很努力地一遍又一遍徒然地解釋著，這也是他們可愛的地方，至少不會讓你覺得他不想理你。

　　但對於這種主動表示友好的情況，卻讓無法應付的我（另一個可惡的同伴，每當遇到這種情形時，便事不關己地假裝別人不是在跟她說話，只留下我一個人面對此種窘境），體內腎上腺素頓時急速分泌，整個身體為了應付緊張的情緒也灼熱了起來。我簡短地回答「台灣」兩字後，大概讓他誤以為我們能聽日語，接著又問：旅行嗎？我只說了聲「はい」（是的），為了避免他繼續，便將眼光移開，轉而看著那「事不關己」的同伴，只見她仍慢慢地啜飲著咖啡，內心真想狠狠踹她一腳，命令她把咖啡一口吞進去，好讓我們能加速逃離現場，以免昨日的尷尬場面再度重演。好在在那位想對異鄉來的孤單女子表示友誼的歐吉桑來

角館車站的記念章！

↑到角館必須搭乘前往秋田方向的新幹線。
→車站的正前方即有清楚的標示往武家屋敷。

得及問第三個問題前，我們便起身離開了。

為了避免昨天回程時訂不到位子的情況再次發生，所以我們昨天回到盛岡車站時，便先劃好了今天來回的座位。東北地方的新幹線多是全車指定席，在只有新幹線的車站入口處，查票員還會檢查旅客的訂位車票，所以要記得提早劃位哦。

我們搭乘七點五十八分こまち71號，從盛岡到角館的新幹線，預計八點四十五分到達。在等車上的洗手間時，看到車掌穿過車廂，即使只是單純地穿過車廂，並沒有要查票之類的，仍然在每節車廂入口處（乘客的背後）先鞠個躬，在出口處再轉過身來面對乘客鞠個躬才離開，這種文化有時真讓不習慣的我們有點不知所措呢，最讓人無措的是，他們常常會在檢查車票時發出陣陣的嘶嘶聲，活像是吃了太多辣椒的反應，真是不知道他們在想什麼耶！

車行約20分鐘後，兩旁才漸漸出現秋的顏色。原本以為到處都能看到滿山遍野的楓紅的我們，實在是太異想天開了，怎麼可能只種楓樹呢？這樣告訴自己之後，才能對著連綿不絕的

綠色針葉林釋懷。

　　到了角館，已經九點了，由於新幹線誤點（本應於八點四十五分到達），使我們錯過了八點五十一分從角館車站前出發到抱返溪谷的巴士，真是氣煞人也。傳說中的日本新幹線不是十分準時的嗎？雖說到了冬天，會因為下雪而誤點，可是現在可沒下雪啊，居然讓我們碰到誤點這種事。由於下一班巴士得等到十一點三十一分，只好先行遊覽角館這個城市了。首先便是參觀本市最負盛名的古蹟──「武夫之家」了。

以外國人的名義參觀「武夫之家」

　　我們先由離車站最遠的一家，也是現存最古老的「石黑家」參觀起。從車站出來，就可以看到通往武家屋敷的清楚標示。

　　石黑家位於武家屋敷通（路名）的北端，從車站走到這兒，即使中途不東張西望，至少也要走上個二、三十分鐘。石黑家的門票300元，賣票的先生似乎是在告訴我們入內要脫鞋，看我們一臉疑惑的回望他，就突然改以英語問我們不是日本人嗎？我們邊搖頭邊Say No，他便用英語請我們脫鞋參觀。

　　正當我們脫鞋時，他也快速地脫鞋爬上塌塌米，並跑到我們面前說，因為你們是外國人（此時，我又開始擔心，難道「因為我們是外國人」，所以有什麼特殊限制嗎？）所以我用英語來跟你們解說。

　　我們悲喜交集地接受了。喜的是，以為「因為我們是外國人」，所以得到了解說的優待，而且還是英語解說（後來才發現每個遊客都有人解說，只是是用日語），悲的是～我們的英語也很肉腳啊，卻又無法拒絕他的好意，只好把所有的精神集中起來，專注地看著他的臉，以期能多聽懂幾個字。

　　我們的英語雖然肉腳，但卻只能憋著滿肚子的笑意，才得

以繼續裝作一本正經的樣子，聽那位先生操著滿口濃重日語腔調的英語解說，因為太想笑了，以致於一開始完全不知道他在說什麼。再加上腔調太重，到後來只隱約聽出一點石黑家的歷史，各廳是做什麼用的，以及他本人～噹噹噹噹～居然是石黑家的後代，至今仍住在這個地方。這可真是活生生的歷史啊！

　　解說完畢後，他請我們自行參觀，旁邊尚有展覽室，並且請我們隨意拍照，便離去了。我們興奮地東看看西瞧瞧，雖然只是小小的一間，但由於頗有受到重視的感覺，所以也就花了點時間慢慢觀看。

石黑家

　　石黑家原為佐竹家的家臣，在西元1853年（永嘉六年）時從佐竹北家附近遷到現在的地址。在幕府末期，許多武士都變得窮困沒落，石黑家由於遷移到表町下丁，保留的住處加上其他的住處，宅邸反而擴大了。

　　後面增建的部分，也有一百年的歷史了，現在作為展示石黑家的種種史料及文獻的地方。庭院內種植了松樹，也放置了一些石

石黑家展示著種種史料及文獻。

↑石黑家的史料。
→武士的家中大門是專門讓客人進出用的而且必須是夠尊貴的客人喔！平常日常使用的是旁邊的小門。

頭，和別的武家屋敷比起來，別有一番趣味。

　　我們在這裡待了好一會兒才離去，離開前本想與那位石黑家的後代合照一張相，無奈他忙著賣門票，我們只好離開了。

　　在武家屋敷通的北面盡頭處，我們看到有一對老夫婦一直在地上不知撿拾些什麼，便也走過去看看。原來路旁有一棵很大很漂亮的銀杏，他們正在撿拾掉落在地上的銀杏葉子。

Tips:

石黑家
◆入館門票：大人及高中生日幣300元；中、小學生日幣150元。
◆開放時間：早上9:00～下午5:00（閉館前30分鐘入場）。
◆休館日：12月1日至4月上旬。

→石黑家的紀念章。

→石黑家的門票。不是每一戶進去都需要買票，有一些是可以自由進入參觀的，不要錯過。

從這張照片中還可以看到撿拾銀杏葉的婦人蹲在地上。

在這棵銀杏的對面，還有人架著相機，不知是在等待什麼好時機似地。我們也拍了幾張照片，便前往青柳家出發了。

青柳家占地極廣，目前已無後人居住，從門口便可看見裡面種了許多植物。由於時間不夠，門票也較貴

武家屋敷街道的兩旁，充滿了以前武士所居住的房子。

（日幣500元），我們只好先放棄，先往車站的方向走回去。沿途可看到免費參觀的小岩橋家、河源家及小田野家等，我們迅速進去繞行一圈（因為也不能入屋內參觀，屋內很小，幾乎一覽無遺），蓋好紀念章，便趕回去搭十一點零二分的巴士。

尋幽探祕——抱返溪谷

抱返溪谷號稱日本人的賞楓祕徑，
發源於八幡平，是一條藍寶石色的河川。
從抱返神社開始到上游的夏瀨吊橋止，
是一段頗受歡迎的健行路線。

藍寶石色的抱返溪谷

到巴士站時，已經有許多人在排隊了，在我們的引領企盼下，巴士總算緩緩進站，首先便要恭喜自己省下5000～6000日圓的往返計程車費。

搭乘巴士只需580日圓，上車時先拿整理券，券上的號碼或圖示表示你是從那裡起站的，下車時連同車資一起投入票箱中。日本的票箱還可以自動換零錢哦，如果沒有零錢，只要將紙鈔放入機器，它便會吐出一堆零錢。這雖然是我們第三次來日本旅遊，由於前兩次乘坐巴士都是買一日券或二日券，不用投錢，所以一直不知如何操作。剛開始看別人把紙鈔放進機器，還以為會自動找零，後來司機先生看我拿著一把零錢不知所措的樣子，便把所有的錢拿過去，替我挑出夠付車資的錢，再投入箱內，把剩下的零錢還給我，我才知道原來不是自動找零，而是把你

尋幽探祕——抱返溪谷

086

7

> **Tips:**
>
> ◆交通：從盛岡搭乘秋田新幹線至角館站，車站的右邊即有巴士站。搭乘羽後交通巴士「抱返り谷行」約30分鐘即可到達抱返溪谷。

等車的地方就在角館車站旁，出了觀光案內所就可以看到。

的紙鈔換成銅板，你再
自己拿出車資，再投入
箱中。

若想遊抱返溪谷，
建議攜帶手電筒，因為
當中有一段伸手不見五
指的隧道，雖然不長，
若無手電筒實在有點寸
步難行。（我們帶著事
先準備好的小手電筒，
結果吸引了一堆沒有手
電筒的遊客，一直往我
們身邊走來。）

車程約三十分鐘便
到達抱返溪谷了，比我
想像中的近，一下車便
可看到大片停車場停滿

抱返溪谷路線圖。

了私家轎車，而色彩繽紛的山巒也近在眼前。我們先在涼亭中
吃下昨晚去便利商店買好的午餐，便從十二點半開始我們的健
行了。

抱返溪谷號稱日本人的賞楓祕徑，我想交通不便大概是外
來遊客少的主因吧。日本人倒是攜家帶眷、人山人海的，頗有
台灣人闔家遊陽明山的歡樂氣氛。不過小徑入口「有熊出沒」
的告示牌倒是挺嚇人的，我內心還在掙扎著要怎麼個「注意」
法，腳步已經隨著人群往前移動了。實在不了解這麼熱門的賞
楓路徑怎麼會有熊呢？

抱返溪谷號稱東北的耶馬溪（耶馬溪位於大分縣北西部，

山谷上充滿了各種色彩，真是道地的北國情調呀！

是一條以溶岩台地及集塊岩山地為主的風景勝地），發源於八幡平，是一條藍寶石色的河川。

　　從抱返神社開始到上游的夏瀨吊橋止，是一段頗受歡迎的健行路線。抱返溪的兩岸都是垂直的斷崖，去程時，小徑的右手邊是山壁，左側則是河谷，而河谷的另一側也是連綿的山

峰。山壁上是一片姹紫嫣紅，小徑上則是落葉片片。或許下過雨吧，小徑的泥土帶著點濕氣。一路上幾乎是人潮不斷，有許多人扛著腳架，脖子上吊著龐大的相機，在各個令人不得不發出讚嘆聲的角度取景，他們所站的地方，同時也吸引了許多傻瓜相機加入拍照的行列。

　　穿過一座木橋，到達第一個景點「回顧の滝」時，根本無法靠近瀑布。由於瀑布位於離橋面一段距離的地方，只有一條很窄的小徑通往較爲靠近瀑布的位置，小徑上擠了許多正拍照的遊客，我們只能在橋上略爲駐足欣賞，便接著向前走了。

抱返溪谷的入口。

　　過了這座木橋，遊客頓時銳減，就像大部分的遊客，多半只願在陽明山國家公園逛逛便準備下山一樣，接下來的路程上，見到的便多是專爲攝影或健行的人。

　　越往前行，人煙越是稀少，而路旁的景色，卻不爲所動地隨著峰迴路轉而展現不同的風貌。由於坡度十分緩和，即使有時小徑越來越窄，泥濘之處越來越多，也不算難走。

↑回顧の滝在過橋後的右手邊。
↓在抱返溪谷中都是走在這樣的小徑中。

世界上最遠的距離

　　在陸續觀賞過幾個不甚明顯的景點後（其景點多在路邊立一個解說牌），前方忽然出現一座不能稱之爲獨木橋的木橋，只有三根細細破破的木頭併在一塊，形成一個凹凸不平的橋面，右側看似貼著山壁，

實際上則有一半是可以看到下面深谷的，左邊嘛，完全暴露在深谷中。

媽呀，為何在這平坦的路上會出現這樣的一個障礙呢？我們一面叫苦連天，一面試著壯起膽子企圖通過。無奈一個有嚴重懼高症及一個有輕微恐高症的我們，最多也只能踏出兩、三步，便鬼叫連連地撤退。

只能相依為命的我們，在那裡束手無策地等待著善心人士的幫助。無奈路過的人似乎看不出我們的彷徨無助，所以一個個毫不猶豫地過橋了，甚至有橋對面的紳士，揮手請我們先通行，我們苦笑著擺擺手，幾番想鼓起勇氣請人攙扶一把，無奈不知如何表達。

不甘心啊，前方還有美景等著我們，一直很想看看祕徑盡頭的大瀑布，難道要被這小小的木橋打敗嗎？我們再仔細觀察別人的步伐，發現大家都以誇張的外八字步伐往前跨，我們本想效法，卻發現路面的不平會使我們失去平衡。到底這些人為什麼走得毫無懼色呢？

在磨蹭了將近十分鐘後，只有輕微恐高症的貝鼻終於要以外八字步來征服這座橋了，不過才走了三步，便大喊救命。看樣子路面不平並非唯一的障礙，最大的困難在於如何看著萬丈深淵而不害怕吧。

就是這座讓我們進退維谷的橋呀！

　　嚴重懼高症的我趕緊把她拉回來後，只聽到後面大叔連聲說道「大丈夫啦，大丈夫啦」（沒問題啦），也不知他到底懂不懂我們的「不敢啦」的手勢，他率先往木橋跨去，並伸出另一隻手要拉我們以面向山壁的螃蟹之姿過橋。我們把握機會，連忙自動串成一串，顧不得害怕，只能跟著大叔的腳步快速通過。短短不到十步路的距離，卻讓我們有咫尺天涯之感嘆。讓人不禁想起網路上流傳的一則「世界上最遠的距離」。

　　　　就是這座讓我們進退維谷的橋呀！？
　　　　不是　生與死
　　　　而是　我就站在你的面前你卻不知道我愛你
　　　　世界上最遠的距離
　　　　不是　我就站在你的面前你卻不知道我愛你
　　　　而是　明知道彼此相愛　卻不能在一起

　　　　世界上最遠的距離
　　　　不是　明知道彼此相愛　卻不能在一起
　　　　而是　明明無法抵抗這股思念
　　　　卻還得故意裝作絲毫不把你放在心裡

　　　　世界上最遠的距離
　　　　不是　明明無法抵抗這股思念
　　　　卻還故意裝作絲毫不把你放在心裡
　　　　而是　用自己冷漠的心　對愛你的人
　　　　掘了一條無法跨越的深渠

　　對此時的我們來說，無法對這股浪漫的男女情懷產生共

嗚，只想到，世界上最遠的距離，不是這些不著邊際的情啊愛
的，而是明明有一座橋通往另一頭的美景，我們卻鼓不起跨越
的勇氣。好在這個遺憾已經被這位好心的大叔彌補了。

勇敢的說英文吧！

　　過了這座橋已是下午兩點左右，為了趕搭三點三十二分回
角館車站的巴士，我們預計兩點十五分即需回程，所以我們利
用剩下的十五分鐘加速前進。途中偶爾碰上回程的人，總是親
切地跟我們道聲午安。這種習慣，倒是與我們十分相近呢，或
許是登山人的一種文化吧。走著走著，看到這條秘徑上唯一的
兩個西方人，我們互相微笑，女的用日語說了聲午安，我也以
午安回應她，一面心想，他們八成認不出我們不是日本人吧。
果不期然，那位男士又以日語搭了句「很漂亮的地方呀」。此
時，即便只是面對這樣簡單的友善的話，卻使我的內心複雜了
起來：我到底該假裝我是日本人而接受他的讚美呢？還是說些
其他的話呢？如果要說些其他的話，又該說些什麼呢？

　　正當我的內心千迴百轉時，一句英語已經不經我大腦地脫
口而出：

　　「We are not Japanese.」（天啊！我說這個幹麼，剛才只要
應了對方，會話就會結束了，我幹麼自討苦吃啊！）

　　此時對方已經停下腳步，回過頭來繼續攀談：

　　「Are you Chinese?」

　　「Yes.」（請勿自行做政治聯想）

　　「Where do you live in?」

　　「Taipei, Taiwan.」

　　「So, you have language problem here,too.」（大概很高興地
發現，原來有語言問題的不只他們夫婦吧。）

人煙稀少之處連水面都變得比較平靜。

「Yes.」

　　接著談起這位太太的哥哥已經在台灣住了兩年（真是有緣啊），育有七名子女（歐買尬；Oh!my God!），並問我們有沒有去過美國。剛巧我們兩個都還沒去過，他們就掏出一張印著一個美麗教堂的小卡片送給我們，我讀了一下上面的文字，寫著摩門教，他們連忙強調他們是基督徒（很想告訴他們，別緊張，我兩人是沒有宗教歧視的），並且歡迎我們有機會去他們的故鄉猶他州玩。會話結束前，那位男士還說能夠在日本這樣的國外講英語，是一件非常有趣的事。是啊，是啊，豈止有趣，這簡直可以說是我們到日本這幾天來，跟外人講話講得最多最溜，也最有自信的一次吧。

「抱返」溪谷回盛岡

再往前行，一直走到了下午兩點十五分，仍無法看到旅遊資料上建議的健行終點，也沒有看到想看的百尋の滝，不知他們做為觀光海報上的那個很漂亮的瀑布是否是百尋の滝，因為回顧の滝水量很小，跟宣傳海報上的差很多。

雖然這不是一場競賽，但沒有走到最後仍然使我心中有著深深的遺憾。由於我們要搭的是最後一班巴士不容錯過，只好收拾起心情，準備向這條日本人的賞楓祕徑道再見。當然心中對於因新幹線誤點，害我們無法早點到達抱返溪谷不無埋怨。

回程時，雖是同一種風景，卻再度令我們驚異於它的美麗。由於是向陽，落日的餘暉灑在片片山壁上，顯出比來時更為絢爛的色彩，幾番讓人想停下腳步慢慢欣賞（但巴士是不等人的），果真如在祕徑路旁的指示牌所說的「回程時更美哦」。

角館觀光案内所，裡面有很多豐富的資料可以索取。

不知道是誰做了這樣一個可愛的宣告。那些不曾跨越第一個景點後的遊客們，完全沒有機會體驗這樣的美景，真是替他們覺得可惜呢。

搭上巴士，回到角館時已是下午四點零三分，天色漸漸暗了下來，早上沒有來得及參觀的武家屋敷，現在也多半要閉館了。所以我們逛了幾家商店，買了一些紀念品，便準備搭五點四十八分的こまち26號新幹線回盛岡了。角館的街道十分冷清，和早上我們來時一

回到角館天色已暗。

樣，不知是否是假日的關係。早上來時街道上幾乎是空無一人，到了武家屋敷通時才看到許多遊客。傍晚的角館街道仍然空無一人，連路上的車子都很少，直到進了車站才熱鬧起來。

　　盛岡吃過晚飯後逛了一下百貨公司，這裡百貨公司的飾品價格並不算貴，但類似的東西若放在台灣的百貨公司來賣，價錢起碼貴三倍以上，雖然覺得應該在這裡買點東西，以免回去被訛詐，但沒看到什麼喜歡的，只好作罷。

　　回到旅館後，看了一下電視，仍在重播昨天放過的節目《十三號星期五》。昨天沒看到結局，由於很好奇，想知道兇手到底是誰，便放下手邊的日記，看到深夜。誰知此片殺人手法兇殘，把我們嚇得差點沒大聲尖叫，也算是我們自找罪受吧。電影播完後，忍著內心的恐懼去洗手間刷牙洗臉，出來時可惡的貝鼻已進入夢鄉，害我連燈也不敢關，只好亮著小燈趕緊鑽進被窩。臨睡前，還不忘神經兮兮地檢查床底下有沒有窩藏殺人兇手。

恨

她居然睡得跟死豬一樣。根本不鳥的S嗣

驚魂四小時——八甲田山

八甲田山上由於長年積雪，
融化後的雪水長期停滯，
形成山上一個個沼澤及濕原植物的生長，
沼澤中的水主要來自融雪和雨水，所以會有枯水期。

抵達以蘋果聞名的青森市

昨晚一回到盛岡車站，便去劃了從盛岡到八戶，以及從八戶到青森的車位。也就是說，從秋田縣的盛岡到青森縣的青森市是需要轉車的。原本想坐八點四十分那班，但沒開，可能是週末並無此班車吧，只好改坐七點五十九分的はやて71號。

白鳥號。

從盛岡到八戶這段新幹線是2000年3月才開始通車的，幸虧如此，才增加了我們這趟旅途的便利性。吃過早餐後，把行李寄在旅館，揹起隨身背包，出發前往八甲田山和十和田湖。

七點五十九分的はやて71號從盛岡到八戶，預計八點三十七分抵達，再接八點五十分從八戶到青森的白鳥71號，於九點五十四分到

青森車站的大蘋果！

達青森站（我們在綠窗口填寫劃位單時，是寫從盛岡到青森，站務員直接幫我們選擇最近的班次來連接，真是方便）。

一到達青森，即可看到大顆蘋果的裝飾，明顯告知了遊客，此地特產就是蘋果（其實也有很多藍莓製品）。出站後往左走，即可看到左前方的JR巴士站。

一出站就看到一班前往十和田湖的巴士，我們急忙拔腿衝過去。旅遊最辛苦的地方就是趕車了，尤其是在搞不清楚狀況下趕車。我們先對著站在車門口收票的先生指著十和田湖的地名，他指示我們進去票亭買票，買好就趕緊跳上車，正好趕上了十點十分出發的巴士。Lucky！

在巴士上，沿途都有播放景色的介紹（還真奇怪），可惜

我們聽不懂。後來車行上八甲田山，風景也跟著壯麗了起來。

萱野茶屋

巴士在萱野茶屋前休息十分鐘，司機大哥也不管我們這些阿斗啊聽不聽得懂，便逕自宣告了停留時間。我們先衝下去上廁所，之後才能一邊盯著巴士有沒有落跑，一邊喝店家免費提供的萱野茶。

萱野茶又號稱是長壽茶，當地傳說喝一杯可以長壽三年，喝兩杯可以長壽六年，喝三杯可以朝氣勃勃直到長眠。我們拚死喝完三碗後，帶著快脹破的肚皮，拍了幾張照片，正好也要開車了。後來想想，那其實好像就是麥茶的味道。

萱野茶屋位於萱野高原上，在八甲田山的北麓，標高540公尺。萱野高原有很廣大的天然草原，青森市民很多會到這片草原上來烤肉，草原正面面對著八甲田山，背面則可以眺望青森市的街道及陸奧灣。當然在這短短的十分鐘內，我們是無暇去眺望啦，只覺得周圍乾枯的草地和光禿禿的樹木很美。

Tips:

◆交通：從青森車站坐往十和田湖方向的巴士，約40多分鐘可達萱野茶屋。

↑萱野茶，免費隨意喝到飽，也可以買回家沖泡，一包日幣200元。
／萱野茶屋站。

纜車站前

接下來就到了「纜車站前」,許多人都下了車,買了票準備坐纜車上山。貝鼻先買,說要單程票,小姐以奇怪的表情看她,隨後我也買好了單程票,便排隊等著上纜車。他們擠纜車的方式和擠電車一樣,硬是塞到我手都沒東西可扶,周圍站滿了人,連窗口門邊的觀景處也都被擋住了。

隨著纜車逐漸上升,便可看到一座座樹葉落盡的枯黃山頭,雖然既無綠葉也無紅葉,但其景觀之壯闊仍震撼人心。遠處也可望見海景。

↑纜車售票口。除了價錢外還會註明山頂的溫度及風速等氣象資訊。
→八甲田山纜車車票。

纜車每經過一座塔,便會突然顛簸一下,此時全車的遊客便一齊驚呼一聲,十分有趣。約十分鐘左右就到達山頂公園站了。此時貝鼻告知外面溫度是1℃,我以為聽錯了,反問她「1℃?」她回答:「是。」「1℃?」「對。」「妳怎麼知道?」「外面的牌子上寫的。」等我親眼確認後,才驚覺自己得面對生平以來第一個1℃的低溫。由於盛岡氣溫高達十幾度,所以此時我身上只穿了一件半高領的衛生衣、一件高領毛背心、一件裙子(因為長褲在昨天走抱返溪谷小徑時,被泥水濺得一塌糊塗,為避免今天得另外洗一條長褲,所以決定改穿裙子)及羽毛衣外套。就這樣而已。我在台灣的冬天,有時穿的比這還多,現在卻要我穿著這樣跑到只有1℃的大氣中。上帝保佑我吧!

等我們拉好拉鏈,戴上

Tips:

從青森到纜車站前價格需日幣1070元。纜車單趟需日幣1150元,來回是約日幣2000元。

手套，鼓起勇氣走到纜車站外時，才真正領悟到什麼叫做1
℃。山頂上不斷刮起的狂風，把我們喊冷的尖叫聲給反吹回肚
子去了。只好閉嘴欣賞風景。這裡的視野的確非常遼闊，如果
不是風吹得我們不能呼吸，真想多站一會兒。在我們請人幫我
們拍照時，冷得眼淚都快掉出來了。難怪外面人這麼少。

　　由於已經是中午十二點了，我們別無選擇地回到纜車站的
二樓餐廳去用餐。只見小小的纜車站裡擠滿了圍著火爐取暖的
遊客，二樓的餐廳反倒空蕩蕩的。

　　餐廳是自助式的，得先在販賣機上投錢買好你要吃的飯
票，再去櫃台取餐。販賣機上全是日文，隨便按了個按鈕後，
才發現自己點到的是超小碗的烏龍麵，口味照舊，鹹得半死。
約十二點半時，便從步道入口出發了。

八甲田山的驚魂探險

　　我們遵循某著名旅遊雜誌的建議，規畫了下列路線：從山
頂公園經毛無岱到酸之湯溫泉。依雜誌上估計，是一條歷時2
小時的「觀光路線」。從山頂公園的步道入口處到田茂范是一

濕原景色：田茂范。

山上充滿了高原植物。

個八字型的旅遊步道，山頂公園的案內圖上建議兩種行程，A行程約30分鐘（紅色箭頭），B行程約60分鐘（藍色箭頭）。步道是由鋪好的木板組成，離泥土地有一點距離，步道兩旁都是約略高及腰部的濕原植物，所以十分好走，路旁也不時出現標示，指示你A或B行程該往那個方向走，該往回走時也會標示出來。由於放眼望去都是濕原植物，頗有一點走迷宮的味道。

等過了B行程的終點，也就是田茂范，有一個面積較大的休息區，可以看到一個沼澤及遠處的山巒，也有木椅供遊客休息，欲搭纜車回程的遊客就可以從此處往回走了。

但由於我們計畫要穿過上毛無岱和下毛無岱，再從酸湯溫泉搭乘巴士到奧入瀨溪的民宿，所以便從這裡開始我們的「2小時的觀光路線」。

前面的八字道走來輕鬆得讓我們信心滿滿，以為真的可以花個2小時飽覽八甲田山的美景。誰知道從「毛無岱・酸ケ湯」的指標開始，也是我們這趟旅程最大的惡夢的開始。

八甲田山上由於長年積雪，融化後的雪水長期停滯，形成山上一個個沼澤及濕原植物的生長，沼澤中的水主要來自融雪

和雨水，所以也會有枯水期，但現在這個季節顯然並非枯水期，所以仍可看見一個個的沼澤。從這個路標過後，不知爲何，前面的木板步道突然中斷，腳下變成一條十分狹窄而潮濕的泥土步道。我們略爲嘟囔了幾句，便小心翼翼地向前走了。

原以爲步道中斷只是一時的現象，誰知連續走了十幾分鐘，腳下仍是泥濘不堪。走不多時，貝鼻腳下一滑，便已坐在泥道上。她重新站起來後，我拿出濕紙巾替她把手上和衣服上的濕泥擦掉，又繼續前進。我們一邊走，一邊咒罵著雜誌上的建議，心裡想著，如果那個作者曾經走過這條他所謂的「觀光路線」，就不會寫得這麼輕鬆了。「無論2或3小時的路線，其實走來都很輕鬆，像散步也像健行，而且路平坦、指標清楚。」約莫半個小時過去了，仍不見原先八字道那種木板步

從八甲田山頂鳥瞰。

←一切的悲慘都是
從這裡開始的。
↓前往毛無岱的小
徑，此張照片上
的小徑是乾的，
我們行走時是濕
的。（感謝中居
先生提供照片）

道，我們才開始認清事實，這根本不是散步道，而是一條頗為
難走的登山步道。

　　此時內心早已向那本雜誌作者的祖宗八代都一一問候過
了，散步、健行？你來散給我看看！（請原諒在下的粗魯）由
於腳下高低不平，且泥濘不堪，我們此時已無心觀賞風景，便
停下腳步，把相機收到背包中（以防跌倒時摔壞），拿出手套
（以便攀住旁邊的植物），以全副武裝的心情，專注於腳下的道
路。這條與其說是道路，有時更像是獸徑。有很多時候，腳下
的高低落差根本不是一步跨越得下去的（你要怪我自己腿短也
可以啦，但短腿族也有旅遊的權利吧），而每一步即將踩下的

路面，都是一個泥坑，稍一不慎，不是整個腳被爛泥埋沒，便是打滑得讓人差點摔倒。

再繼續前行，我們已變得摒氣凝神，完全沒有交談的餘力了。只要狀況許可，我們總是藉著拉住道旁的濕原植物，與其爭地。因爲腳下的「道路」非常「濕潤」，但奇妙的是，生長著濕原植物的範圍，反而是乾燥的（如果有人能告訴我們這是爲什麼，將不勝感激）。所以在不踩死那些植物的情形下（想踩死也很難，因爲如前所述，植物高及我們的腰），我們總是盡量沿著植物的根部行走，這就形成了不得不以螃蟹之姿橫著走的窘境。

背後傳來的聲音

如果能一直這樣走倒也罷了，有很多情形還是逼著我們明知前有泥，卻向泥中踏。所以沒過多久，我腳上的布鞋已經完全被泥浸濕了，每向前踏一步，還可以發出啾啾啾的擠水聲音，並踩出水來。貝鼻穿著靴子，所以情形稍微好一些，至少腳是乾的。我們幾乎每一秒鐘，都得判斷該如何落腳，所以走在前面的人顧不得後面的，走在後面的也只能偶爾望望前者的背影。只有在我成爲第二個受害者，再度滑倒在泥地上發出慘叫聲時，貝鼻這才回過身來看看我的傷勢，並且替我拿出濕紙巾，擦去身上的爛泥。

走著走著，正當我們又面臨一個非一腳能跨越的階梯而猶豫不決時，我突然聽到背後傳來一位女性的聲音。對了，忘了告訴各位，從剛剛那個路標走到現在，除了曾經碰到一對全副登山裝備的母女外，只可用「前無古人，後無來者」來形容，只差我們兩人沒有「念天地之悠悠，獨愴然而涕下」了。所以此時由背後傳來的聲音，不可說不嚇我一跳。我往後「仰」

望，看到又一位全副登山裝備的女性，似乎在疑惑著我們怎麼會走成這樣。

她看我遲遲跨不下去，便好心地把手上的登山枴杖借給我用。我說不用了（其實是因為我根本不知如何使用），她堅持讓我用沒關係，我只好恭敬不如從命地接過枴杖，內心吶喊著「挖咧，這下子我少了一隻手來拉著旁邊的植物」。好不容易踏下去後，我要把手杖還給她，但她說不用，就借我用好了，反正我們是一起走。

救命的植物

我不知道她這麼說是什麼意思，一起走？難不成她要一直跟在我們後面？終於有餘裕回頭看我一眼的貝鼻，此時才知道發生了一些事。根據她事後的描述，她完全不知後面有人，一回頭看到我手上拿著枴杖，還著實嚇了一跳，想說荒山野地的，我的手中怎麼突然多了一柱拐杖。足見我們走得多「專心」。

後面的婦人問我們是學生嗎？我說不是（她可能以為是沒經驗的學生在登山吧），怕她多說，我趕緊跟她說我們是外國人，她又疑惑地嘟嚷了幾句，我用英語請她先走，她害怕地搖搖手說聽不懂英文，在無法溝通的情形下，一行三人只好繼續默默前進。當然，我手中仍拄著不知能如何幫我省力的枴杖。

此時後面多了一位日本人，為了怕被責罵我們不愛惜濕原植物，我們不敢再攀著植物行走，失去了這個很好的借力，我們走得更為狼狽了。後來遇到一個高達一公尺以上的落差，我們求助似地回頭看著她，她立即會意地走到前頭，對我們示範如何攀住旁邊一根延伸出來的樹枝，盪到路旁植物的根部（兩旁的植物生長地一直是比小徑的路面高的），再拉住植物踏回

到地面上。我們一一循著她的腳步（當然模樣是無比地狼狽），才得以繼續前進。走在婦人的背後，看她也不時把旁邊植物當成繩索般拉扯，我們才放心地繼續攀著植物前進。後面沒人跟著，我也才能在落差大的地方，完全不顧形象地把裙子拉到大腿之上，以便邁開大步。雖然後來又因為一次誤判而在爛泥上滑倒，但司空見慣的貝鼻不知是距離太遠沒聽到慘叫聲，還是自行研判並不嚴重，所以只回頭看了一眼，見我自行爬起，便又繼續前行。只見婦人越走越快，不久便已看不到她的身影了。我心裡想著，難不成她等得不耐煩了，寧可枴杖不要了？

身處電影魔戒的場景

剛到山頂時的刺骨寒風，此時已經完全感受不到了。我們熱得鼻水流個不停，才1℃啊，能相信嗎？！好不容易走到一塊足供三人立足的路面，遠遠便望見那婦人早已悠閒地坐在路旁石頭上等我們（真慚愧，剛才冤枉她了），嘴裡還吃著自己帶來的點心。她請我們也一起吃，我實在是沒有心情吃甜點，而且口也渴得要命，但基於禮貌，只得拿起一塊塞進嘴裡。結果是十分甜的花生芝麻糖，她說那是她最愛的點心。見她沒有露出不悅或不耐的表情，我也鬆了一口氣，畢竟拖累別人也非我們所願。

雖然內心極為渴望她的陪伴，但基於良心的提

大嬸的登山枴杖 →
穿窄裙登山的勇者心

輕鬆！ 輕鬆！

健步如飛

鬆口氣：為中華爭光！

令人眼花撩亂的長階梯。
（感謝中居先生提供照片）

後來變得比較好走的木板路，但只有一小段。（感謝中居先生提供照片）

醒，我仍掏出紙筆，用漢字問她要不要先走，但內心卻在不斷地向上帝祈禱，求求妳不要拋棄我們啊。我們可以不怕吃苦，但卻很擔心在天色變黑前仍在山裡徘徊啊，這將是多恐怖的事，我們可不想與在八甲田山上行軍遇難者的冤魂相伴啊。還好上帝聽見了我們的祈求，婦人笑笑地說，不用，她可以慢慢走，她有一天的時間。回答完這點，我們彷彿看見天使的光環出現在她頭頂上。她還告訴我們，她弟弟的太太是大陸人，可是她一句中文都不會說（唉！真是太可惜了）。

筆談完畢，我們接著上路。這種折磨人的路況又持續了好一段路，終於再度出現時有時無的木板步道，這種步道多半橫跨在沼澤上，也有一段滿長滿陡的階梯，從階梯上端放眼望去，視野還算遼闊，不過由於階梯頗為狹窄，若不專心，恐有跌落之虞，只好先顧腳下要緊。

在經過一陣眼花撩亂的台階後，原先的景觀又改變了。從高處往下望，可看見一片廣闊的枯草中，遍佈著一個一個的小水窪。這種場景頗像電影《魔戒》中，咕嚕帶著佛羅多和山姆一起穿越一大片沼澤地。佛羅多還可以從沼澤中看到亡靈，草原上也飄蕩著鬼火，只不過整個場景縮小了一點。害我經過那

下山後搭巴士的地方，從這裡看八甲田山，真的美到令人摒息。

些小水窪時，差點不敢看那些水面，深怕會看到百年前，在八
甲田山雪中行軍遇難者的亡靈。

平坦的八甲田山？

中途遇到一個休息的平台，雖然寒風不斷迎面襲來（因為
平台四面毫無屏障），我們仍坐下來稍事歇息。這位好心的婦
人指著一座頂上積著霜的岩下山（她想寫出「霜」的漢字，但
一時不知如何寫，只強調那不是雪，結果聰明可人的貝鼻猜出
是「霜」，婦人連聲誇讚她厲害），告訴我們它有「津輕富士山」
之稱。

她問我們還要去那裡，我們拿出行程表給她看，她指著山
寺，告訴我們她的母親便是山寺人。她看到我們手中的旅遊雜
誌，好奇地想看看，我翻開介紹八甲田山的一頁，指著「散步」

和「平坦」二詞給她看，她恍然大悟地大笑起來，似乎終於理解為何會有兩個裝備不齊的觀光客，醜態百出地在這裡「登山」。隨後便指指我們正在休息的平台，說道「這裡是很平坦啊！」我們只好一起苦笑。

在往酸ケ湯的路上，景觀已大為改變。（感謝中居先生提供照片）

上無毛岱四周毫無障蔽的休息平台。（感謝中居先生提供照片）

也許是因為有了好心的同伴，之前的痛苦已經煙消雲散，心情也輕鬆了起來。我的內心慶幸我們有機會能夠一覽八甲田山較少為人知的美景，這也不能不說是那本烏龍雜誌的功勞。畢竟進入山區後所看到的壯麗景色，不是前面的八字步道所能相比的。如果我們早知道這條道路如此艱辛，好逸惡勞的性格絕不會驅使我們作此選擇。

休息過後我們又繼續前進，中途路況也是時好時壞。不久又開始穿越無法看到周圍景色的林間，兩側除了有高高的樹之外，也佈滿肥大的羊齒植物，和前半段一直是高及腰際的濕原植物景觀大不相同。

經過一段不算長時間的奮戰，我們終於看到遠方的巴士站了，內心簡直只能用感激涕零來形容。雖說目標在望，但離真正踏上柏油路面仍有一段更爲艱難和泥濘的路面在等著我們。

等我們到達「地面」，好心的婦人已經笑著在下面等著我們了，她帶我們到一個小水池旁刷洗鞋上的爛泥，那是一個專門讓登山者清理鞋上塵土的水池，池邊還掛了一些刷子，實在是很貼心的設計。由於不知如何開口詢問她的大名，所以我們藉故跟她合照一張，請她留下姓名和地址好寄照片給她，再三道謝後才準備分手。分手前她還幫我們問好了巴士的時間，並請我們下次再來青森玩。

可愛民宿──南部屋

在經歷了三個半小時，對我們這兩個都市中的花朵來說可算是非人的待遇後，我們終於又一次幸運地在酸ヶ湯溫泉趕上最後一班（下午四點）的JR巴士，可以前往今夜的投宿地了。如果沒能趕上這班巴士，我們還眞不知道該露宿何處呢。

到了十和泉溫泉鄉，我們先依地圖研究了半天，才判斷出該往何處走。雖然民宿的網站上說離巴士站步行十分鐘，但疲憊的我們，拖著幾乎要發抖的沈重腳步，足足走了近半小時，從還看得到奧入瀨溪兩側的美麗紅葉，走到整個天色黑得什麼也看不見，才到達今晚要入住的民宿──南部屋。

南部屋是一間日式建築，一進門要先換上拖鞋。我們呼喚了許久都不見有人出來招呼，只好自己換上拖鞋走進去，後來才發現正在廚房準備晚餐的老闆的女兒（貝鼻說是太太，我說是女兒，眞相未明）。不懂英文的她，在歡迎我們過後，把略通英語的老闆爸爸（或者老公？）叫出來，帶我們到二樓的和式房間（房間還取了不同的名字哦，我們住的叫紅葉の間，眞

雖然是一間小小的民宿，但還是有一台販賣機。

Tips:

南部屋

◆網址：

http://ww4.et.tiki.ne.jp/~nanbuya/top/index.htm

此間民宿雖然可愛，但共用衛生間較不方便，房間的和室門也無法從外面上鎖，所以人離開房間後，無法將貴重物品放在房中。如果不是腿痛得快斷掉，一個小小的樓梯倒也可以增添不少情趣啦。

棒！疑似為他們網頁上的照片那間）休息過後便下去用餐。

老闆的女兒（太太？）長得很漂亮人又親切，一直在廚房忙碌著。今天只有我們兩個人，還有高雄來的一對夫妻，四個台灣來的觀光客在晚餐時交換著一些旅遊資訊。

晚餐後又來了一個騎著Honda重型機車，穿著皮靴的帥氣歐吉桑（當晚只看到車子和靴子，第二天才看到本尊），今晚的客人就我們五個了。

吃飽飯休息了一會兒，我們便去一樓洗澡泡溫泉（房間沒有衛浴設備，要上廁所或洗澡都得到一樓），溫泉是男湯女湯分開的，所以就算全部的女房客都來泡，也只會有三個人。池子很小，大概四、五個人就會嫌擠了吧。所幸我們泡時只有我

可愛的南部屋，門口紅色那台是老闆的車子，左邊就是帥氣歐吉桑的重型機車。

帥氣的歐吉桑，因為與老闆長的很神似，讓我們一直誤以為老闆很懶，只顧著休息呢！

們兩個人，可以邊聊天邊按摩著酸痛的雙腿。

　　回想著今天的遭遇，再看看現在的我們，不由得有一種恍如隔世的感覺。想起在山路上承受著身心兩方面的煎熬，不斷地在內心掙扎：到底該不該繼續往前走？前面的路況到底會好轉還是會更惡劣？為什麼一直都不曾遇到別人？會不會到天黑都還下不了山？我的痛苦還多了一項：等一下貝鼻會不會難過得哭出來？想到這些，再撫摸著佈滿被植物或樹枝刺傷的小傷口的雙腿，簡直要同情起自己來了。除了佩服自己的勇氣之外，更加感激的是，老天爺並沒有太殘忍，祂賜給我們這兩個孤單無助的旅人一位最善良的天使，不離不棄地陪著我們度過難關。或許她本人並沒有意識到她的善行有什麼大不了的，但對我們來說，卻是意義重大，也可說是支持我們下山的精神力量。雖然我們下次如果再來青森，不見得會做出相同的選擇，

至少我們兩個人對於這次的行程都沒有後悔。

　　泡完溫泉，本來冷得要死的我們，已經熱得滿頭汗，還跑去自動販賣機買了冰咖啡，便回到溫暖的臥房。照例是由貝鼻規畫第二天的行程和交通路線，我則記錄今天的實際行程。由於過度疲累，我們很早就睡了。不幸的是，睡到半夜，我們房間的暖氣燃料居然燒完了，房間變得十分寒冷，即使躲在被中仍然無法暖和起來。再加上雙腿疼痛不堪，一夜輾轉難眠。

走在風景明信片中
——奧入瀨溪流

要沿著奧入瀨溪流遊覽一路上的美景風光有三種方法：

一是搭乘巴士，也算是最省力的方法，

二是租自行車，可沿著公路騎，隨時停下來觀賞，

三則是靠萬能的雙腿，這也是最能貼近溪流之美的唯一方法。

奧入瀨溪流美麗的景緻

早上六點多被冷醒，我們決定去泡個溫泉暖暖身子，走出房間冷得我們直打哆嗦。泡完後，貝鼻去請老闆的女兒（太太？）替我們加燃料，聽說這個小小的要求，溝通起來卻備極艱辛，因為我們連燃料的英文要怎麼說都不知道。不過就算知道也於事無補，因為她可是一句都不通的。她來加燃料時順便告訴我們早餐已經準備好了，本來昨晚說好是七點半吃的，我們便提早一小時用餐了。

吃完早餐後，距離去搭車還有一點時間，正好可以出來看看這附近白天的樣子。由於此時我們對「滿山遍野的楓紅」已經不再抱持幻想，所以看到沿著河兩岸的美景，也覺得頗值得期待。

八點十五分，老闆的女兒開車載我們去燒山車站搭巴士。由於巴士八點五十九分才發車，我們只好在奧入瀨溪流遊客中心附近閒晃。

中心內賣一些農產品及加工品，還有餐廳，後面鄰奧入瀨溪，不過這段河谷內溪水甚少，都是石頭，岸邊則放了一些海灘桌椅給用餐的人坐（此時當然沒有用餐的人），還有兩座木頭的搖椅。我們很快樂地搖了一會兒，一面觀賞眼前的楓葉，享受難得的悠閒時光。

時間快差不多時，便先去上個洗手間，再去排隊等車。在日本東北的景點，看到廁所最好就去光顧一下，

Tips:

◆十和田湖綜合觀光資訊：
http://www.towadako.or.jp/
◆奧入瀨溪流的交通：
從JR青森車站搭バスみずうみ號，沿途的巴士站有燒山、石ケ戶、雲井の滝、銚子大滝、子ノ口。

因為每個點都距離遙遠，又是荒山野嶺的，中途不見得有讓人方便的地方，像之前在抱返溪谷，走了兩個多小時，中間可是完全沒有洗手間的哦，使得一吃完午餐便走入抱返溪谷小徑的我們，飽嘗膀胱快爆破的痛苦。

健行入口——石ケ戶

搭上巴士不多久，即到達石ケ戶，是一般健行者的入口。一般來說，健行者多半從這裡開始。

從燒山到十和田湖畔的子ノ口約有8.9公里，十和田湖及奧入瀨溪流是國家指定的特別名勝及天然紀念物。要沿奧入瀨溪流遊覽有三種方法：一是搭乘巴士，也算是最省力的方法。巴士從燒山開始就行駛在與溪流並行的馬路上，可以輕鬆地坐在車上觀賞美景。持有全國JR PASS的遊客，不妨在走累的時候，隨興地搭一段巴士，休息夠了再下車。像我們這次購買的東北JR PASS，就不能免費搭乘JR巴士，故不考慮此方案。二是租自行車，可沿著公路騎，隨時停下來觀賞，因為供健行者走的遊步道，有許多地勢並不容許單車行走其間（不過我們在途中，可是完全沒見到半台自行車的蹤影哦）。三則是靠我們萬能的雙腿，這也是最能貼近溪流之美的唯一方法。

由於從燒山到石ケ戶間景點不多，故大部分的遊客均以石ケ戶作為健行的起點。在這個巴士站有一個小小的休憩所，裡面有洗手間、小小的展示廳，也有販賣一些飯糰、麵、咖啡等，以及青森縣的物產。

遊步道

奧入瀨溪流是從十和田湖向外流出的唯一溪流，全程有十四個大小瀑布，溪流千變萬化。

天空藍的不可思議，山中的秋景真是太美了。

雖然葉子掉得差不多了，但仍然很美。

石ケ戶巴士站有個小小的休憩所。

河岸的大樹形成兩條綠色隧道。據資料上估計，從石ケ戶到子ノ口約要走三小時。在健行時，若不想背著重重的行李，這裡還有一個貼心的服務哦，就是可以讓他們幫你把行李送到目的地再取。從燒山寄行李，到子ノ口領回，或反之，由子ノ口寄行李，到燒山領回（因為有些人是從子ノ口反向遊覽的），還可以從石ケ戶寄行李，到子ノ口領回，費用一律是每件行李日幣400元，很方便吧。

其中的一個瀑布。

遊步道十分平坦好走，也幾乎沒什麼坡度。由於我們在仙台時楓葉尚未轉紅，到了八甲田山（緯度較高），葉子已經掉光了，所以我們頗期待在這裡看到像樣一點的景色。不過事與願違，仍在樹上的葉子多半已經枯黃，地上也佈滿落葉，溪流的水量也不算豐沛，但仍然十分賞心悅目。

觀光資料上的大小瀑布，我們多半都一一找到，遊步道邊也都有木頭的指示牌，也會告訴你往下一個景點還有多少公里的路。不過由於水量甚小，有些瀑

有人在溪邊作畫，畫得很美，不過葉子的部分應該是作者想像的吧！

眾多遊客視若無睹地跨越那條繩索，跑到更靠近溪流處拍照。

布不仔細尋找，還真容易就忽略過去了。

　　路途雖然平坦，但對於在昨天已經耗盡體力的我們，仍然走得十分痛苦。不但雙腿疼痛，無法彎曲，只要一遇到小小的階梯，動作遲頓得比八十歲的老人還不如。

　　一開始遊客十分多，甚至讓遊步道十分擁擠，後來就不知道那些人到底是跑到那兒去了，人剩得連石ケ戶巴士站的十分之一都不到。不過這樣也好，較能輕鬆地欣賞風景。

　　沿途我們都一前一後地走，各自拍照，甚少交談，也不怎麼有體力交談。在這裡可以看到馬路上有許多遊覽巴士，有時會突然有一堆人下車，吱吱喳喳地湧入遊步道，許多人拿著手機邊走邊拍，不過更多背著腳架和單眼相機的人，不顧遊步道旁「為保護植物，請勿在遊步道以外的地方站立」的警告標誌，隨意地跑去離溪流最近的地方拍照，甚至站在十分危險的地方拍照。與我們印象中日本人十分守規距的形象，形成有趣的對比。

　　走到中途（約走了5公里），看到路邊有一間木造小屋造型的洗手間，便不由自主地想進去光顧一下，出來後看到洗手間

旁供路人休息的座椅，兩人就像被磁鐵吸過去般地坐了下來。從背包拿出背了兩、三天的兩顆小橘子分吃，為了怕趕不上十二點四十五分從子ノ口出發到十和田湖休屋的巴士，不敢停留太久，便又加足馬力繼續前進。

銚子大滝

從洗手間附近的玉簾の滝再走約2公里，還可看到一個佐藤春夫的歌碑，是日本一流

警告牌。告訴遊客勿跨入欄杆以內。

的詩人佐藤春夫先生歌詠奧入瀨溪之美所做的詩歌，再往前一點，便到達銚子大滝。

為什麼要特別介紹銚子大滝呢？主要的原因是～這是我們這次到日本以來，所看過水量最多的瀑布啦！不過實際上銚子大滝也是以水量豐沛而負盛名。它高7公尺，寬20公尺，從奧入瀨溪流想游入十和田湖的魚是游不上去的，所以銚子大滝又叫作魚止めの滝。

過了銚子大滝，看看手錶，約比預估進度慢了二十來分鐘，但還不算太糟，按照旅遊資料上的建議，再走約半小時就可以到子ノ口了，應該不會趕不上巴士，所以我們也就放心下來了。

其實奧入瀨溪不僅是賞楓聖地，同時也是日本人賞新綠的聖地哦。也就是在春夏之際，樹上冒出的嫩芽，日本人也是很喜歡欣賞的，所以也到處可以看到觀賞新綠的情報。

沒有魚的湖──十和田湖

壯麗的十和田湖是日本第三深的湖，是一個二重式火山口湖。
若想搭乘遊覽船飽覽十和田湖秀麗風光的話，有兩種選擇：
一是往返於十和田湖最熱鬧的休屋及奧入瀨溪流的起點子ノ口的行程；
二是繞湖一周。

JR PASS 大不同

到了子ノ口，已可看見壯麗的十和田湖。繞十和田湖一周是44公里，湖深327公尺，是日本第三深的湖，能見度則是15公尺。它是一個因火山下沈陷沒而生成的二重式火山口湖。可以從舊火山口內壁所堆積的鮮明的地層，確認曾經重複爆發的火山活動。純就個人觀點而言，這裡是比松島美多了，不過觀景的重點不同，委實也無法這樣比較。

我們要搭乘的巴士到時，和我們一塊兒搭車到石ケ戶的那對從高雄（台灣的高雄也，非日本的高雄）來的夫妻已在巴士上向我們揮手，讓兩條腿快走斷的我倆不禁感嘆，這就是全國JR PASS和東北JR PASS的不同啊，他們買的是全國JR PASS，可以免費搭乘JR巴士，所以在為時兩個多小時的健行中，只要累了，就可以坐一小段車再下來，我們買的東北JR PASS，無法免費搭乘JR巴士，為了省錢，當然沒想過中途要去坐巴士。

不過每段風景都有其美妙之處，有些路段的溪流離馬路有點距離，不是坐車能欣賞得到的，只能說是有失必有得吧。

公車上其實聽得出來，有頗多台灣來的自助旅行者，自從來到日本東北，一直都有遇到一些台灣來的自助旅行者，不是情侶就是一群人，像我們兩個女孩子倒是比較少見。不過更誇張的是，有一次在盛岡車站對面的超商購物時，店內全是說著國語或台語的遊客，讓人差點搞不清置身何處了。

但奇怪的是，大家從來不曾因為是「同鄉」而寒喧幾句，或聊聊天，只是和自己的同伴講話，對我們則頂多看幾眼而已。真是冷漠啊！

十和田湖的有趣傳說

　　說到十和田湖，有兩個有趣的小傳說。其中一個傳說是這樣的：很久很久以前，有一個又孝順，工作又勤奮的人，叫做八郎太郎。有一次，他和夥伴出去工作，正好輪到他當煮飯的，他便去溪谷中提水去了。正在汲水時，忽然有三條鮭魚跑進他的水桶中（那有這麼好康的事情？），於是這三條魚自然成了晚餐中的一道佳餚。他在烤鮭魚時，因爲太香了，自己便把三條魚都給吃了，吃完魚後，口渴得要命的八郎太郎，便跑到溪谷的入口去喝水，喝著喝著，要流入溪谷的水都停住了，於是山谷間的水便滿起來了，滿到簡直像個海一樣，也就是現在的十和田湖。

　　而這個吃了鮭魚後接著跑去喝水的八郎太郎呢，就變成一條大蛇，而變成了十和田湖的主人。

Tips:

◆交通：從JR青森車站到奧入瀨溪流及十和田湖，可搭乘みずうみ號巴士。
◆沿途經過下列地方：青森駅（青森車站）、青森空港（青森機場）、ヴィラシティ雲谷、萱野茶屋、ロプウェイ駅前（覽車站前）、城ヶ倉溫泉、酸ヶ湯溫泉、睡蓮沼、猿倉溫泉、谷地溫泉、仙人橋、蔦溫泉、奧入瀨溪流溫泉、八戶駅西口、十和田湖溫泉鄉、燒山、紫明溪、石ヶ戶、馬門岩、雲井の滝、雲井林業、銚子大滝、子ノ口、宇樽部、國民宿舍前、瞰湖台、十和田湖。
由於班次以及發車時間未必一成不變，在出發前，最好上網確認最新的時刻表。
時刻表及車資可參考下列網址：http://www.jrbustohoku.co.jp/sightseeing_img/aomori-towadako.html
如果像我們一樣，不幸遇到沒有JR巴士時，我們是改坐岩手縣北巴士，不過我們的規畫是從十和田湖直接到盛岡，所以岩手縣北巴士剛好符合我們的需要，無需再轉乘。除了岩手縣北巴士之外，要往來於盛岡及十和田湖之間，尚有岩手縣交通及JR巴士兩種選擇。正確的時刻表及車資，請參考下列網址：http://www.jrbustohoku.co.jp/highway_img/towadako2.html

另一個傳說則是，有一個到處旅行的人，叫做南祖坊。他受到熊野這個地方神的神喻，告知他，如果他所穿的「鐵の草鞋」（各位看倌，請不要問我什麼叫做「鐵的草鞋」，因爲我也不知道。日文原文就是「鐵の草鞋」，如果這四個字連在一起，有除了「鐵的草鞋」之外的意思的話，歡迎賜教）斷掉的話，就可以在那個地方安住下來。無巧不巧地，當他旅行到十和田湖時，草鞋便斷了。此時，由八郎太郎變成的龍神從湖底現身（前面說他變蛇，後面說他變龍，請別太在意，在神話中，龍和蛇本是一家親）便出來和南祖坊競爭，作十和田湖的主人。

　　他們雙方大戰七日七夜之後，南祖坊終於靠著加持過的《法華經》打敗了八郎太郎，成爲十和田湖的正主「青龍權現」（青龍神），而戰敗的八郎太郎，當然也就從十和田湖逃走了。

　　另外則有一個不太一樣的傳說：在現在青森縣及秋田縣邊境上的十和田湖的南邊，住著一個叫花的漂亮姑娘。有一天晚上，有個年輕小伙子進入她家，隔天天亮時，就變成一條大蛇消失在海的那方。

　　後來花姑娘就懷了身孕，而嬰兒就從花姑娘的肚子破腹而出（此畫面兒童不宜），花姑娘也因此死亡。這名嬰兒被取名爲八郎太郎。

　　而南祖坊則出生於現在青森縣三戶郡的神社中的神職人員家，從小就因神靈附體而被人稱爲「神童」，他的父親則在現在的八戶市修業。

　　南祖坊在旅行到熊野這個地方時，受到神喻，跟他說如果他穿的鐵的草鞋在那裡斷掉，他就在那裡住下來。而當他的草鞋在十和田湖斷掉時，南祖坊已經76歲了。雖然高齡，南祖坊仍戰勝了十和田湖的主人，也就是化身成龍的八郎太郎，成爲

人人尊崇的青龍神。

兩個傳說略有不同，但結局倒是相同，就是南祖坊取代八郎太郎而成為十和田湖的主人。真是有趣的背景故事。

再一次栽在交通上

到達十和田湖休屋時，我們趕忙去查看事前在網路上查好的一點多出發的JR巴士，卻遍尋不著任何相關的時刻表，眼見著發車時間快到了，只好重新施展我的筆問絕技，掏出紙筆詢問站務員有到十和田南的巴士嗎？這位有點年紀的先生也在紙上回答：

~~JRバス~~

秋田バス　PM4:00

表示我們要搭的那班JRバス（バス即巴士）沒了，但下午四點有一班秋田バス。我們一聽簡直當場傻眼，如果我們下午四點才能從這裡出發，那要何時才能接上花輪線的車？因為這段時間花輪線部分路段施工，施工路段必須以巴士來代替，由於情況不明朗，所以我們特別希望準時搭上這班巴士好去銜接花輪線的車，現在這樣，我們要幾點才回得了盛岡呢？

雖然死盯著站務員看，很想知道為什麼會發生這種事，無奈語言不通，站務員也並未給我們其他的意見。我們兩個人討論了一會兒，其間雖然也

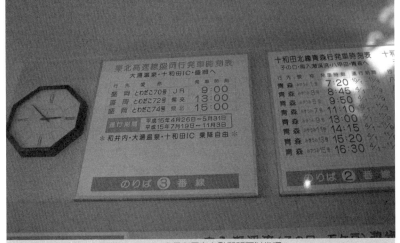

仔細看喔，就算是拿全國型的JR PASS也只有早上九點那班可以坐喔！

有其他兩、三位台灣遊客聆聽我們的問題，但因為他們全是要當天返回奧入瀨溪的旅館的，所以只是說了句「你們的行程安排真奇怪」，便莫可奈何地走開了。

事到如今，我是吃了秤錘鐵了心了，本姑娘就不相信我們會被困在這個湖邊，要真沒車回去盛岡，大不了忍痛招部計程車，再不然就在休屋附近找間旅館，天無絕人之路，這裡可不是八甲田山上，會叫天不應，叫地不靈的。

「置之死地而後生」之後，我們定下心來仔細觀察所有交通資訊，看到有一班岩手縣北巴士可以到盛岡，下午三點是最後一班（其實一天也沒幾班），我們問過站務員，從這裡搭那班巴士回到盛岡也不過五點十五分，雖然得花2420元（日幣）的車資，但總比流落此地要好，我們便趕緊買好車票，這才有心情去吃午餐。

湖光山色的十和田湖休屋

十和田休屋是這個名勝的中心。從青森、弘前、十和田及盛岡來的觀光客都在這裡搭乘巴士。這裡也是JR東北巴士及十和田湖巴士的終點站。四周有許多可供住宿的旅館，也有吃飯的地方，還有住宿案內所和物品展示中心等，很適合在這裡稍

稍休憩一下。

我們隨便吃了碗麵，去買了頗多的土產，因為青森盛產蘋果及藍莓，所以有許多這兩種水果做成的土產。我們各買了包裝紙上貼有得獎的蘋果蛋糕，還有水果糖及一些印上「十和田湖」字樣的小餅乾，結完帳也已經兩點多了。便提著大包小包，到湖邊散散步，欣賞一下湖光山色，拍拍照。

這附近遊客很少，也許是因為休屋前廣場地方太大，所以很少看到其他人，從岸邊看遊覽船也並沒有太多遊客。所以拍照時完全不用擔心不得不把其他路人充當背景，這種情形跟在京都賞櫻時到處人山人海，真是大異其趣。

這次來日本，雖然行程中排了兩個大湖，卻都與我們無緣。去田澤湖時因為天氣太壞，加上沒趕上繞湖一周的巴士，所以只看了它幾眼便趕緊撤退了。到了十和田湖情況稍好，天氣滿不錯的，只是礙於時間，同樣也無法欣賞湖周圍的景點。

十和田八幡平國立公園

坐上三點的岩手縣北巴士後，車子開始繞山而行。從越來越高的山路上，更方便觀賞整個十和田湖的景色，相信絕對不遜於坐船遊覽。因為坐船只能看到平行的景色，在巴士上卻漸漸可以變成由上往下俯看整個湖面和周遭的山巒，沿途的山林中也不乏十分美麗的「楓」景或潺潺小溪，能舒舒服服地坐在車上一路欣賞美景，也算一種額外的收穫和享受，直到下山後，仍可看到遠處色彩繽紛的山巒。不過因為太累了，所以漸漸地便闔上眼睛了。

途中貝鼻偶然醒來，看到一座頂峰積雪的山，我們猜測那便是與我們無緣的八幡平，這樣猜測是有道理的，因為這些景點都包含在「十和田八幡平國立公園」中。

　　十和田八幡平國立公園本來是在昭和十一年二月一日指定為十和田國立公園，後來在昭和三十一年七月十日又增加八幡平地區而改為現在的名字。公園總面積有85,409公頃，含括青森、岩手及秋田三縣。

　　公園大致區分為二大區域，即從八甲田山開始到十和田湖，及從八幡平開始到秋田駒ヶ岳為止。整個公園有那須火山噴發後陷落而成的典型二重火山口湖──十和田湖、有優美的奧入瀨溪流、有以美麗的樹冰聞名的八甲田連峰，也有著盾狀火山地形、原生林及豐富濕原植物的八幡平等景色。所以基本上，我們這兩天造訪的地方是一整片相連的景點。對於這一片美景，當然不乏文人歌詠讚揚一番。

　　日本著名文人大町桂月就曾說過「住まば日の本、遊ばば十和田、歩きゃ奧入瀨の三里半」（住的話要住在日出之地，玩的話要去十和田，散步的話要去奧入瀨走那三里半的路）。

　　後來車子走上高速公路，沒什麼特別景色，我們便又相繼睡去。這種長途巴士行駛起來十分平穩，所以我們也睡得十分香甜。中途在休息站司機先生讓大家方便一下後，便一路駛回盛岡車站了。

　　回到市區，雖然才五點多，但天色已全黑，我們先回旅館check in後，便先去逛逛「無印良品」（日本一家連鎖商店，台灣目前也有幾個據點），再去吃晚飯。吃過晚飯之後，照例是去綠窗口劃位，明天預計搭乘八點三十九分從盛岡到仙台的はやて6號，約九點

Tips:

大町桂月本名芳衛，生於西元1869年，卒於1925年，出生於高知市，是活躍於明治維新時代的文人。特別喜愛十和田、奧入瀨及蔦溫泉，在其遊記中，特別向全國推廣十和田之名，對十和田湖的自然保護和觀光的開發有很大的貢獻。

二十二分到達仙台。

　　再回到旅館休息時，本想寫封電子郵件回家報平安（玩到第七天了才想要報平安，爸爸媽媽請原諒我這個不孝女），正寫信時，聽到兩個台灣來的歐巴桑正在櫃台check in，他們三人同行，訂了一間雙人房和一間單人房，但住單人房那位男士尚未到達，櫃台小姐問他們誰住雙人房誰住單人房，兩位歐巴桑是聽攏嘸，人家反反覆覆問了好幾次，這兩位歐巴桑只是以不變應萬變地問對方「いいですか？」（這樣可以了嗎？）平時雖稱不上熱心助人的我，此時再也忍不住了，眼見以禮貌著稱的日本櫃台小姐臉都快綠了，我趕緊離開鍵盤跑去櫃台，告訴兩位同胞人家正在問他們問題哪，她們這才請我將答案轉告對方，這才結束了他們的check in。不過奇怪的是，雙方竟然都無人向我道謝，我彷彿是不請自來的雞婆者呢。不過反正無所謂，我便又回去繼續打我的家書了。只是十分佩服，他們不會日語，不懂英文，居然也能來日本闖蕩，看樣子我們姐妹倆的膽量還比不上人家呢。

旅遊十和田湖花絮

　　這次在東北的又一奇是，三番兩次地碰到日本人向我問路。有一次在逛百貨公司，一位小姐十分匆忙地跑來問我JR車站的入口在那裡（日本很多車站旁的百貨公司，都有通往火車站的入口），我雖然知道她在問什麼，但一來我是路痴，二來我不會用日語回答，正當我絞盡腦汁想著該如何告訴她時，她已經自問自答地說「妳不知道嗎？」接著又衝去問別人了，於是我沒被識破是個外國人，只被錯認為單純地不知道路而已。另外一次是在抱返溪谷，回程的中途，有人還要往前去，便想問我某某景點還要走多遠，很遺憾地，她也是問道於盲了。

今天還看到兩個小小的事故。在十和田休屋那裡，一個老先生突然往後跌倒，後腦勺撞到地上發出了很大的聲音，真是可怕。另外一件則是在坐巴士回盛岡的途中，看到一輛小轎車開出馬路，掉到下面去了，在那種前不著村後不搭店的地方，還真不知道他們會如何處理這種交通事故呢。

遊覽船賞十和田湖

如果想要搭乘遊覽船飽覽十和田湖的秀麗風光的話，有兩種選擇。Ａ行程是往返於十和田湖最熱鬧的休屋及奧入瀨溪流的起點子ノ口的行程，所需時

Tips:

十和田湖遊覽船時刻表及船資表是參考十和田湖遊覽船運行事務所的網頁，正確的時間及船資最好在出發前再次上網確認。網址：http://www.towadako-gh.jp/fune.htm

間約為50分鐘。Ｂ行程則是繞湖一周，所需時間約為一小時。

雖然我們無暇遊覽十和田湖的周邊景色，但可略為介紹一下附近的名勝，如果有足夠的時間，也可前往觀光。

乙女の像

乙女の像就是少女的雕像。矗立於十和田湖御前ケ浜的乙女の像可說是十和田湖的象徵（我們居然連象徵都無緣得見，真是可惜）。這個作品是一位既是詩人，也是雕刻家，橫跨明治、大正及昭和時代的代表性藝術家高村光太郎最後的雕刻品，於昭和二十八年（西元1953年）的秋天完成。乙女の像是兩個少女面對面的裸體雕像，當時住在岩手縣光太村山莊裡的光太郎，為了製作雕像，還特地回去東京。在雕像的製作過程中，雕像的臉都以白布覆蓋。雕像完成後，有人說雕像的臉很像光太郎的妻子智惠子夫人的臉。至於雕像的身體部分，是以

十和田湖遊覽船時刻表

A行程

行駛期間	從休屋出發	到達子ノ口
7／1～10／31	7：45	8：35
5／1～11／10	8：15	9：05
4／25～11／20	8：45	9：35
4／25～11／10	9：15	10：05
4／1～11／10	9：45	10：35
5／1～11／10	10：15	11：05
4／1～11／10	10：45	11：35
4／25～11／20	11：15	12：15
4／25～11／10	11：45	12：35
4／1～11／10	12：15	13：05
5／1～11／10	12：45	13：35
4／1～11／10	13：15	14：05
4／25～11／10	13：45	14：35
4／25～11／10	14：15	15：05
4／1～11／10	14：45	15：35
5／1～11／10	15：15	16：05
5／1～8／31	15：45	16：35

行駛期間	從子ノ口出發	到達休屋
7／1～10／31	9：00	9：50
5／1～11／10	9：30	10：20
4／25～11／20	10：00	10：50
4／25～11／10	10：30	11：20
4／1～11／10	11：00	11：50
5／1～11／10	11：30	12：20
4／1～11／10	12：00	12：50
4／25～11／20	12：30	13：20
4／25～11／10	13：00	13：50
4／1～11／10	13：30	14：20
5／1～11／10	14：00	14：50
4／1～11／10	14：30	15：20
4／25～11／20	15：00	15：50
4／25～11／10	15：30	16：20
4／1～11／10	16：00	16：50
5／1～10／31	16：30	17：20
5／1～8／31	17：10	18：00

B行程

行駛期間	從休屋出發	到達休屋
7／21～11／10	8：00	9：00
4／15～1／31	9：30	10：30
5／1～11／5	10：30	11：30
6／1～1／31	11：30	12：30
5／1～11／5	12：30	13：30
6／1～1／31	13：30	14：30
5／1～11／5	14：30	15：30
7／21～10／25	15：30	16：30

船資表（日幣）

行程	艙等	大人	小孩
A行程	綠色	￥500	￥250
	一般	￥1,320	￥660
B行程	綠色	￥500	￥250
	一般	￥1,320	￥660

團體（15名以上）

大人（約9折）
━━━━━━━━━━ 日幣1,190元

在學生（約7折）
━━━━━━━━━━ 日幣 930元

兒童（約9折）
━━━━━━━━━━ 日幣 600元

十和田湖站。

十和田湖周邊的美景。

當時十九歲的年輕模特兒藤井照子為原型。雕像的鑄造是由伊藤忠雄所鑄，另還鑄造了一個60公分大小的小型像，本來智惠子的母校東京女子大學非常希望能得到這個小型像，但光太郎把它送給了青森縣，現在在縣廳的知事（縣長）室中展示。

十和田神社

在乙女の像的後方樹林中，是江戶時代南部諸候的靈地，在西元807年由坂上田村麻呂所建，是傳說中的南祖坊入定的地方。據說在神社中的占場向湖中投入紙捻可以占卜吉凶哦。

十和田科學博物館

十和田科學博物館是十和田觀光開發株式會社在昭和二十八年八月二十八日創設的。它展示及陳列了十和田湖及八甲田火山地區的地形、地質、植物、動物、湖沼及民俗等資料，對於推廣這一地區的人文及科學知識，貢獻滿多的。

Tips:

十和田科學博物館
◆開放時間：早上8:00～下午5:00（全年無休）。
◆費用：
　1.一般人：日幣200元。
　2.中、高校生：日幣100元。
　3.小學生：日幣50元。
　4.團體30人以上打九折。
　5.住宿於十和田湖Grand Hotel及其南館者免費。

平靜你的心靈──山寺

山寺的正式名稱叫作寶珠山立石寺，
是天台宗的慈覺大師於西元860年奉清和天皇的敕命所創立的，
也是東北地方具有代表性的佛教聖地之一。
在根本中堂中，有從本山比叡山延曆寺移來的「不滅的法燈」。

出發前的小意外

今天睡得較晚，約七點才起床，平常這個時間，我們已經在吃早餐了。因爲今天早上要搭八點三十九分的車，所以時間還算充裕。九點二十二分到達仙台後，再搭乘仙山線往山形。今天的行程是前往參拜山寺。

在前往仙山線的月台上，突然發生了一件慘事，貝鼻的行李拉桿突然斷掉了。這次來東北，由於有些時候必須把行李寄放在車站的置物櫃中，所以我們沒有拉行李箱，因爲行李箱通常無法塞進車站的寄物櫃中，我拿的是一個小小的有拉桿的背包，貝鼻則是把背包綁在買來的行李拉桿上。雖然放置換洗衣物是沒問題，但由於沿路購物的結果，除了這個行李外，我們已經不得不把之前準備好的購物袋拿出來裝禮物了。所以又拉又提的結果，使得行動不是很方便。再加上拉桿斷掉，根本騰不出手來提沈重的行李。本以爲就要趕不上那班車了，抬頭看了一下電子看板，發現到山形的車九點三十八分發車，似乎還來得及，便連忙狼狽地拾起所有行李，跛著腿（在八甲田山「健行」後僵硬疼痛的雙腿至今仍未復元），用這次旅行以來最快的速度，全力跑下樓梯追趕

Tips:

◆交通：JR仙山線。不論從山形市或仙台市，都可搭乘JR仙山線前往山寺，從早上五點半多到晚上九點多之間都有班車。如果是搭乘快速車從山形到山寺，約十幾分鐘即可抵達，從仙台到山寺約要五十分鐘到一個小時不等；如果是搭乘普通車，從山形到山寺要將近二十分鐘，從仙台到山寺則約需將近七十分鐘，其實並沒有差很多。正確的時刻表，請參考下列網址：http://www4.dewa.or.jp/yamadera/time.htm

已經停在那裡的
電車（似乎平常
在台北上學上班
追公車也不曾這
麼奮力）。

　　趕上車後喘了
一口氣，才開始

→在山寺車站的一個告示牌，內容是：從車站到奧の院往返需花費約2小時。

檢查拉桿，發現似乎不堪使用了，真是悲慘。往仙台的路上開
始下起了不小的雨，使我們的心情有些低落。本想將行李寄在
山寺車站的，但經過車站時，從外表看來似乎頗為簡陋，所以
便決定先去山形車站放行李，再坐回山寺車站。坐火車的好處
便是沿途總是不乏美景，再加上越往前走，雨也漸漸停了，所
以心情便又開朗了起來。

行李的home-stay

　　到了山形車站，我們先去找置物櫃。山形車站還滿大的，
通道間還有人形般大小的阿信立牌，一看便知，原來山形便是

山寺車站。

那苦命阿信的故鄉（別誤會，可不是五月天的阿信哦）。不過我們沒花太多時間瀏覽車站，好不容易找到夠大的置物櫃，再上個洗手間，便看好一班十一點四十分發車的仙山線回山寺。

　　在置物櫃放行李時，為了查詢費用及開放時間等資訊，所以約略看了一下它的使用規則的看板，其中有許多好笑的規定，例如不能放會腐壞的食物等，大概是怕發出異味吧，許多規則如果不是它寫出來，我還不知道置物櫃能這樣用咧。其中最驚悚的一條，是不能將屍體放入置物櫃。一看到這條規定，不由要嚇得大叫媽呀，正在想誰會把屍體放在這種地方啊，不禁又想起以前聽說許多日本未婚懷孕的少女，會把不要的嬰兒鎖在置物櫃中丟棄，所以才會特別申明不得這樣做吧。不過如果人家真要丟，他們也無法處罰到這種人不是嗎？

山寺車站

在回山寺的途中又下起大雨，到達山寺時，雨勢正大，然而從車站便可看到高聳的五大堂，眞是令人望而生畏啊。

想想我們連走平路都嫌疼痛的雙腿，和下得正大的雨勢，眞不知道撐

山寺車站前的馬路，因為下著大雨而空無一人。

不撐得下去。山寺車站看似簡陋，好像只有月台，但從月台下樓去，才是車站的主要入口，那裡也有大型置物櫃。下車的人多半擠在車站內，似乎沒人想冒雨出去。由於我們今天只安排了這個行程，總不成也跟著這些日本的阿公阿媽一起窩在車站了事吧，只好壓抑住略爲沈重的心情，向雨中邁步。

從山寺車站往前走一點再往右走，先穿過山寺寶橋，便可看見登山入口和登山出口的指示牌。

我們一路上磨磨蹭蹭地，一直討論著該不該學日本人那樣，買件塑膠袋雨衣來穿，否則像這樣的雨勢，勢必過不了多久就要全濕了。但又擔心穿雨衣太悶熱，等會兒全是階梯，要熱起來可不得了，所以便又作罷。

穿過山寺寶橋後往右走，便可抵達登山入口，路程頗近，約十分鐘即可到達。從登山口上去，會先到達立石寺本堂（根本中堂）。山寺的正式名稱叫作寶珠山立石寺，是天台宗的慈覺大師於貞觀二年（西元860年）奉清和天皇的敕命所創立的，是東北地方具有代表性的佛教聖地之一。在根本中堂中，有從本山比叡山延曆寺移來的「不滅的法燈」，歷經千百餘年都不曾熄滅。

從登山口走到奧の院，有一千多段的石階，沒有一點體

山寺參拜券的正面及背面，背面繪有各景點的位置圖。

力，恐怕還無福欣賞到清幽的山寺哦。

元祿二年（西元1689年），俳聖松尾芭蕉在奧の細道的旅遊途中，也參訪了山寺，並留下著名的俳句「閑さや巖にしみ入る蟬の聲」（中文大略意思是：在幽靜中忽然聽見一聲蟬鳴）來歌詠山寺。

山寺車站的可愛記念章，左上角的人形是芭蕉。

根本中堂

從登山口進入，首先看到的是根本中堂。根本中堂是慈覺大師為了祈求國家安泰所建立的道場，堂內供奉著慈覺大師親

手雕刻的木造藥師如來坐像以及其他的一些佛像。而這座優美的藥師如來像，已被指定爲國家重要文化資產。

1. 山門

再往左走，經過日枝神社、秘寶館和念佛堂後，才到達需要購買參拜券的山門。

山門是鎌倉時代（約七百年前）建造的，從這裡開始到最高點奧の院，約有八百多個石階，階梯的坡度有點陡，我看若非它坡度建得陡峭，恐怕得再多爬個幾百階吧。

雖然下著雨，我們卻走不到十分鐘便氣喘如牛，身上的羽毛衣也再度發揮其燜燒鍋的特效，逼得我們不得不找一棵還能遮點雨的大樹，便在階梯上輪番脫起外套來了。

由於在山下時，貝鼻便已嚴正聲明，若是走不動時，絕不肯爬到最高點的，一定要回頭。看這石階的陡樣，恐怕我們又得半途而廢了。

心裡雖然這樣想，不過我們還是埋頭苦「爬」了起來。中途有些岔路，我們並未多作停留，就這樣一路爬到了仁王門。

2. 彌陀洞及仁王門

在仁王門前喘口氣之後，拿出門票背面的地圖一看，居然已經到了半山，這簡直令人不敢相信，於是我們不由得信心大增，立刻轉而認爲攻頂絕不是問題（眞是天眞又善變的人啊）。

此時由於已經到達了一定的高度，我們便站在仁王門前往下瞭望，只見遠方雲霧遼繞，景色瞬息萬變，山巒一下子露出，一下子又完全被遮蔽。爲什麼會用瞬息萬變來形容呢？因爲每當我舉起相機準備拍照時，才輕輕按下快門對焦，想要照

的畫面，立刻被雲霧給遮住了，試了幾次，拍到的都是同樣的畫面，真讓我又好氣又好笑。

　　仁王門看似一座有屋簷的門，其實兩側安置了許多佛像。但由於從格子門看進去，裡面一片黑暗，所以也看不太清楚實際的情形。仁王門是嘉永元年（西元1848年）用櫸木重建的門，造型優美，左右各安置了仁王尊、十王尊像。

　　仁王門附近，是由受到第三紀層的凝灰岩的侵蝕，自然形成奇岩的造型，仁王門前的岩石經過長時間的風雨而呈現出阿彌陀如來之姿，所以稱為彌陀洞，又因為岩石高一丈六尺（約4.8公尺），所以又稱為「丈六的阿彌陀如來」。從彌陀洞向上眺望仁王門的景色，算是山寺當中特別的美景之一。

　　聽說進入山寺的參拜道，欲望和髒污便會消滅，也會讓人忘卻世俗的煩惱。在山門時，我們還帶著懷疑的口氣說「真有這麼靈嗎？」同時還嘲笑著，光是想著要爬這麼陡的階梯，煩惱便升起來了。誰知在我們專心一致登高的過程中，以及在半山腰眺望遠處景色時，才發現內心沒來由地十分平靜，不但沒有互相埋怨腿疼的事，還被眼前的美景震懾地說不出話來。

　　為此精神一振的我們，又繼續朝最高點的奧の院前進。每到一個高度往下望時，雖是一種景色，卻能看到百樣風光，令我們讚嘆連連。在確定我們能夠坐上下午兩點五十六分的仙山線後，下山的路上我們便尋著岔路彎到華藏院及三重塔去。很有趣的是，旅行雖然貴在沿途的風光，但有時「終點」卻變成

在仁王門前拍攝的山景，拍了幾次，都照到雲霧飄過來的畫面。

Tips:

日本三大燈籠有兩種說法。其一是指南禪寺（京都）、熱田神宮(愛知縣名古屋市)及日光東照宮（栃木縣日光市）；另一種說法則是指金華山、金比羅山及金燈籠（山形市山寺）。

立石寺的鐘樓及燈籠。

一個短暫的目標，有時也會變成一種迷思，讓人忘卻四周的一切，一心只想到達終點。在攀登山寺的階梯時，我們便一心一意地想到達奧の院，所以大部分的景點都是下山時「順道」觀賞的。

立石寺的參拜道上，一路上去有幾十個景點，一開始我們只顧著爬階梯，完全沒注意到旁邊的一些小岔路，所以不知不覺便到了半山的仁王門。後來又一心想直攻最高點的奧の院，到了最高點，我們才以真正悠閒的心情觀賞如法堂及鐘樓等。

3. 奧の院

奧の院位於山寺的終點。如法堂內安置了從三國傳來的釋迦和多寶兩尊佛像，如法堂左側的大佛殿則安置了一個高5公尺的黃金阿彌陀如來像。這裡還有一個十分巨大的燈籠及鐘樓，此燈籠還是日本三大燈籠之一哦。

4. 華藏院三重塔

華藏院的正佛供奉的是慈覺大師親手雕刻的觀世音菩薩

像，傳說慈覺大師在開山時，曾居住在此，從這裡眺望的景色很特別。三重小塔，從塔頂的裝飾部分算起，高2.4公尺，是全國最小的，在昭和十二年（西元1952年）指定為國家重要文化資產。

三重小塔，真的很小，如果不是有個牌子在那裡，可能不會注意到。

5. 中性院、金乘院及性相院

中性院的本尊安置的是阿彌陀如來。背後的岩窟中有新庄藩戶沢侯歷代的神主牌。金乘院的本尊安置的是延命地藏菩薩，此外尚安置了千體地藏及不動明王。現在的寺廟是在天保十一年（西元1840年）時，由澄明旭海再建的，是陸奧的藤原秀衡公的神主牌所在。性相院的本尊安置了由慈覺大師親手雕刻的阿彌陀如來，此外還安置有運慶作的毘沙門天。仙台城主伊達正宗公生母的牌位也安置在此。

五大堂及開山堂

五大堂是山寺唯一的舞台式佛堂。慈覺大師在此安置了五大明王，是祈求佛法隆盛和天下太平的道場，也是山寺首屈一

從瞭望台上向下望去，山寺地區的景色一覽無遺。

→處於危地的
　納經堂。

指的瞭望台。在這個瞭望台
上，可以看到山寺的街道，以
及遠方奧山寺的山巒等景色。
這些景色隨著雲靄若隱若現，
往下望去，也可看到一些十分
美麗的楓葉，讓我們一直讚嘆
著不虛此行。

　　五大堂的下方是開山堂，是
慈覺大師的祠堂，由立石寺第
六十五世情田和尚，在永嘉四年（西元1851年）時再建的。開
山堂內安置供奉了慈覺大師的木造像，此外還有延續了千年以
上的「常香」。開山堂的左側有一塊突出的岩石，上面有一個
小小的納經堂，是寫經和收集佛經的地方，納經堂是一個很小
的紅色木造建築，真的很小哦，看起來是小到讓人無法在裡面
站立，又矗立在十分傾斜的岩石坡面上，光是「走」到那裡就
讓人覺得危險萬分了，更遑論要窩在裡面寫經了，可見修行真

關閉中的立石寺本坊。

不是一件容易的事啊。納經堂的正下方，是慈覺大師入定之處，也是安置其遺骨的所在地。

再往下走，會經過蟬塚（せみ塚）、芭蕉碑及御休石（傳說慈覺大師登山時半途休息的地方）等，最後經由立石寺本坊就可由出口離開，整座立寺石山的管理及宗教活動等都是在本坊進行的。我們經過時，本坊並未開放，所以也無法參觀。

在這裡不得不提的是，之前欺騙我們的雜誌內容在這裡又晃點了我們一次。照雜誌上所描述的：「若是要爬上山寺，完整的登山設備是必要的」，但在我們攻頂後才發現，整個山寺的範圍其實近似於台北的九份，雖然階梯多了一點，但行走上並稱不上費力，當然也有可能在經過八甲田山後，像這樣小小的「山」寺我們根本已經不放在眼裡了……不過讓我們再一次不得不懷疑雜誌編輯是不是真的有上過山寺。

以藏王的名產蒟蒻粉丸裹腹

如此便算是大略參觀完了山寺的幾個景點，此時雨也差不多停了，我們開始步行回車站。

從山腳下開始（約十二點半）走到兩點十分左右，也不算花太多時間。山寺是國家指定名勝史跡，根本中堂和三重小塔是國家指定重要文化財，納經塔則是市指定有形文化財，所以這個地方也算得上是古色古香，而且十分清幽哦。

在經過了約兩個小時的體力大考驗後，在回車站的途中，我們各買了一串熱呼呼的藏王名產──蒟蒻粉丸充當午餐。蒟

山形車站外等候巴士的地方。

蒟蒻丸顧名思義，就是蒟蒻做的小丸子，用竹籤串成一串四個，在一個鍋子裡滷成醬油色，有點鹹鹹的，一串一百日圓，還滿好吃的。

其實這附近還有山寺芭蕉紀念館及後藤美術館等可以參觀，但因為一來，我們此時並不知道這位頂頂大名的俳聖松尾芭蕉是何許人也，當然更加不知道許多我們所到之處，早已留有他歌詠的遺跡（頗似中國的乾隆皇帝，只不過芭蕉被封為日本「俳聖」，乾隆皇則似乎被某些文人認為是「作賤山水」），二來我們今晚要住宿的地方較為偏遠，為避免夜晚在山中迷路，所以想早點出發前往藏王。無奈我們只好揮別芭蕉紀念館，搭上兩點五十六分往山形的仙山線。

到了山形車站，我們先去查了往藏王溫泉的巴士在那裡搭（出車站大門左手邊的一號巴士站），去買了票（日幣840元），便等著下午三點四十分的巴士。

大方的看男性裸體
——藏王溫泉鄉

藏王溫泉是利用一度川源頭狹小的溪流湧出而成的露天溫泉。

露天溫泉分為四層：上面二層是給女生泡的；

下面二層則是給男生泡的。

其泉質是酸性，含鐵、硫磺及硫酸鹽等，

顏色偏綠，據說能治百病。

最期待的豪華溫泉飯店四季ホテル

在巴士前往藏王溫泉的沿途，我們已睡得東倒西歪，只記得睜開眼睛時，看到的景色都滿漂亮的。坐了快一小時的車才到達藏王溫泉站，同時也是終點

Tips:

藏王溫泉
◆交通：從JR山形車站外搭乘山交巴士，約四十分鐘可達終點站藏王溫泉，車資日幣840元。正確的時間及車資，請參考下列網址：
http://www.yamakobus.co.jp/jikokuhy-ou/index.html

站。此時車上的乘客已經很少了，下了車只覺得很冷，車站內也十分冷清。我們先去找旅館，今晚將是我們這趟旅程中最豪華的一個晚上哦，因為今天我們要住的是溫泉旅館。真是令人期待！

　　走了約二十分鐘以上，中途看到一家lawson便利商店，這情景就像你在陽明山頂看到7-11一樣，我們如獲至寶地跑進去買了二瓶啤酒、梅酒和零食，怕晚上在旅館肚子餓。買好後又繼續往前走，此時天色已漸漸昏暗，前往四季ホテル（旅館）的路也益發荒涼，路邊許多民宿連一盞燈都沒有，這種情景還真有點恐怖。最後終於看到我們將要入住的四季ホテル，在這黑暗的山區裡，可算得上是富麗堂皇吧，至少燈火通明，讓人終於鬆了一口氣。

門口的火爐,彷彿在為我們引路...

此時化身為山形阿信的我佛...

我們不懂從這兒上去的規矩吔

歡迎光臨~

○○○ 那來的沒水準巴客??

　　要進入旅館時，許多侍應生站在門口歡迎，門口還燃燒著火盆，真讓人不習慣。check in後，還有專人帶我們去房間，讓寒酸的我們，直覺得渾身不舒服（還真是賤命兩條啊），也不知道該不該給帶路的人小費，後來他替我們開了門後就離開了，我們終於可以自在地參觀一下房間。

　　這真不愧是一個人一個晚上的住宿費抵我們平常兩個人住兩個晚上的豪華旅館，連桌上放的都不是茶包哦，是一整罐的煎茶，並且還附有兩塊小餅乾。房間內還有玄關，玄關右側先是乾濕分離的洗手台和浴室，再來是廁所。廁所不但是有保溫功能的馬桶蓋（東北有許多景點的公共廁所的馬桶蓋都是有保溫功能的哦，可能冬天太冷了，沒人敢光著屁股坐上去吧），還有洗屁屁的功能哦（但我個人試用後覺得不甚好用，因為水不僅噴得整個屁屁都是，連大腿也全濕了，如果不用毛巾，實在很難擦乾，不過也或許是我使用不當所致），玄關的左側是洗手槽和熱水瓶。放好行李後，先對著旅館狂照了幾張相片，就開始沖茶吃餅乾，等著晚餐時間。

菊花做的料理

　　六點一到，我們本以為旅館的人會把晚餐端上來讓我們在房間吃。等了幾分鐘不見有人來，只好死心自己走下去吃。到了餐廳，才發現其實客人似乎不多，偌大的餐廳只有三、四桌的客人，大家都穿著旅館的浴衣下來，只有我們怕失禮，所以還穿著自己的衣服。晚餐的東西很多種，也就是食具很多，但食物並不美味。每樣菜都小小一口，也都是冷的。

　　我們一看居然沒有白飯，實在很想

可愛的茶具。

房間的一角。

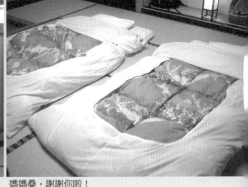
媽媽桑,謝謝你啦!

問能不能吃飯,但又不好意思開口,只好悶著頭吃。後來侍者好不容易注意到我們渴望的眼神,才走過來問我們要不要飯,加上飯後,也算吃得很飽了,重點是有些菜實在令人難以下嚥,幾乎吃不出是什麼食材做的,後來才知道我們還吃了當地名產——菊花做的料理,但吃的時候,還曾因為其「特殊」的口感及外觀而被我們嫌棄呢。

前進女湯

飽餐一頓令人略為失望的晚餐後,又回到房間休息一下。此時房間內的棉被已經鋪好了,我們看了一會兒電視,便決定去泡溫泉,才不會浪費這昂貴的一夜。

到了女湯入口,看到有團體客人在吃飯,我們怕等下湧入大批人潮,所以便趕緊進去泡湯,誰知道裡面根本空無一人。我們自由自在地在池裡走來走去,在水柱那裡沖沖,在水裡泡泡,這池子簡直就是為我們兩個設的嘛。一直泡到頭暈腦脹了才起身,穿上衣服出了女湯門口,發現那團旅客已經吃飽離去(害我們白緊張了一場),我們便在那裡坐起按摩椅來。由於一直沒其他客人來泡湯,所以我們便躺在按摩椅上聊天,兼試遍各種按摩方式。

從八點多開始泡溫泉的我們完全不在乎時間的流逝,只想好好的犒賞自己這兩天來的辛勞,泡完湯後我們一直賴在按摩

椅上，也不知過了多久。直到開始有侍應生去泡溫泉，我們才
驚覺時間已晚。

　　由於人來人往的，太后很快地便對按摩椅失去興趣，再加
上有個侍應生還很熱心地叫我們要躺平更舒服，讓太后更加不
好意思坐下去。只好回房後討論明天的行程，沒什麼結論，也
懶得費心去規畫，便雙雙睡去了！

　　隔天雖然把鬧鐘訂在六點，想說一大早再去享受享受溫
泉，但在沒有人有起身的意
思下，兩人都置鈴聲於不
顧，一直賴到八點才起床。
好不容易拖拖拉拉地梳洗完
畢後，我們兩人才姍姍的去

Tips:

藏王四季旅館
◆網址：http://www.zao-onsen.jp/shise-tu.html

吃早餐，早餐是自助式的，有一些熟的菜，有日式的早點和牛
角麵包和牛奶等，雖然樣式不算太多，但卻是我們這趟行程中
最豪華的早餐，所以吃得很滿足。

從遊程規畫中消失的火口湖 —— 御釜

　　check out後，我們便先去觀光案內所問去御釜的方法。

　　御釜是個很美麗的火口湖，它是由位於藏王的最高峰熊野
岳、刈田岳及五色岳合抱而成的圓形火口湖，由於形狀像個釜
（鍋），所以叫做御釜。御釜一個很大的特色，就是其翠綠色的
平靜湖面，和四周荒蕪的火山壁對比之下，形成一種神秘的氣
氛，光是看到照片，就深深吸引著我們，所以列為此次必賞景
點之一。

　　要去御釜，得先坐巴士到刈田停車場（單程車資就要日幣
1160元，真是一趟昂貴的路程），再步行約二十分鐘即可到
達。我們去賣票機投幣先買了一張票，此時售票口的老先生突

覽車站。照片中上方白白的全都是霧。

然和我們說起話來，我們聽攏無，便掏出筆，他也很配合地拿了一張紙，先「問」我們要去那裡，再「告訴」我們山上有濃霧，什麼也看不到。沒常識的我非常懷疑，總是心存僥倖，覺得透過濃霧，更可以窺見御釜的神秘美，所以一再問他，真的什麼都看不到嗎？他也一再「保證」，什麼都看不到。

　　心想，既然人家好心警告，也不便白花銀子硬闖上去，就指指旅遊地圖上的其他路線，有三條覽車路線，可觀賞風景，下了覽車也有一些散步路線。結果一一指來，他都指著那句「濃霧，什麼都看不到」來回答我們，簡直氣壞我們了。

　　如果不能坐覽車去到別的景點，就只能去泡露天溫泉了。問題是，我們可不想去讓人參觀啊，而且我們已經買了一張票啊。我們指指自己的票，他立刻去打開機器，拿出錢來退還給我們。我們只好先向他道謝，他建議我們可以去山寺，可惜我們已經去過了，看樣子他也無計可施了，我們只好再來研究一下地圖。

　　其實藏王坊平高原有很多地方可以去，但能坐覽車到達的地方，例如藏王地藏尊、鳥兜山等，都因

藏王坊平高原地圖。

濃霧而無法前往，當然啦，你硬是要去也沒人攔你，若你喜歡嚐嚐霧裡看花的滋味的話（但其實覽車也停駛了，所以硬要去的話，只好走路）。其他則有一些登山路線可供選擇，可以看到一些瀑布，例如不動滝、觀音滝、三十三觀音像及眞壁仁詩碑等，若是在楓紅時間，都是值得觀賞的深山中的美景，不過一來現在楓葉已經所剩無幾，二來，我們現在只要一看到登山コース（登山行程），立刻避之唯恐不及，這當然跟我們悲慘的八甲田山登山經驗有關。在三挑四揀之下，只好決定去我們在旅館裡的資料中建議的鷗の谷地散步路線。

一窺藏王露天大溫泉的眞面目

要去鷗の谷地，得先折返回旅館的方向，既然要往這個方向，我們便決定先去一窺可以大大方方看裸男的藏王露天大溫泉的眞面目。

如果從藏王溫泉巴士站往右走，不久就可以看到藏王露天大溫泉的指標，我們順著指標走，沿路都是上坡，路邊有些美麗的楓樹，我們想撿些楓葉回去做紀念。為什麼要在這個時候撿呢？因為今天要去的行程全去不成，只能觀賞一個露天溫泉的裸男（而且我們也不打算泡），再去那個不知名的谷地散散步而已，這樣實在無法打發一天的時間，所以只好閒來無事，撿撿葉子。

但掉落在地上的葉子，你若說是殘花敗柳，實在太恭維了，因為它根本連花都稱不上嘛，充其量只能說是一堆枯枝敗葉，實在沒有什麼收藏價值。眼見那紅艷艷的楓葉，全長在那即使我們用盡全身力氣跳起來也摘不著的地方，不由得令人懊惱。

我們就這麼一路走，一路尋寶似地，過了十多分鐘，終於

靠近露天風呂的道路上，連水溝裡的水都是溫泉喔！

看到名聞遐邇的藏王露天大溫泉了。

藏王溫泉的傳說

藏王溫泉有個小小的傳說：在西曆一百多年、日本武尊東征時，吉備多賀由發現了傳說中的藏王溫泉。只要進入溫泉，身上沾到箭上的毒就會痊癒，所受的傷也會立刻就恢復。一開始是依發現者的名字，把溫泉稱爲多賀由溫泉，後來改稱高湯溫泉，現在則命名爲藏王溫泉。

藏王溫泉所在的藏王町也有個小故事：以前在藏王町有個三段的瀑布，裡面住著一隻大螃蟹。由於這隻螃蟹體積太大了，就覺得自己住的這個瀑布太過於狹小，便把腦筋動到旁邊的不動瀑布頭上去。不動瀑布裡面住著一條鰻魚，於是這隻螃蟹就找鰻魚來比腕力，這場腕力大戰的結果是，鰻魚被螃蟹大解三塊，鰻魚的尾巴也飛到遠刈溫泉去了。從此之後，遠刈溫泉就成了治療腰痛以及對小孩子很好的溫泉。（至於鰻魚的尾巴跟能否治療腰痛有啥關係，就請看倌自行想像囉！）

治百病的酸性泉

藏王溫泉的泉質是酸性，含鐵、硫磺及硫酸鹽等，顏色偏綠。它的功用有很多，例如：慢性皮膚病、兒童虛弱、慢性婦人病、月經不順、糖尿病、高血壓、動脈硬化症、神經痛、筋肉痛、關節痛、五十肩、運動麻痺、慢性消化器病、痔疾、病後回復期、疲勞回復、健康增進等，看起來簡直能治百病。

開放期間是每年的四月下旬到十一月上旬，實際的日期，

會在門口的告示板上貼出來，冬天是不開放的。營業的時間也視季節而定，我們去的這個季節，是從早上六點開放到日落時分。不過我很好奇的是，如何決定何時是日落時分呢？這可能得親身去泡一次才會知道。

至於門票，大人是日幣450元，小孩是250元。

這個露天溫泉是利用一度川源頭狹小的溪流湧出而成的露天溫泉。露天溫泉分為四層，上面兩層是給女生泡的，下面兩層則是給男生泡的。從門口旁邊即可隱約看到下層的男湯，但因門口有禁止攝影的牌子，所以我們一直很好奇某旅遊雜誌是如何拍攝到如此清楚的裸男們（大概是用長鏡頭吧，我們沒有如

沿途的指標。

沿途的指標。

藏王溫泉露天大風呂門口的告示牌。

此好的設備，所以裸男只有留給自己欣賞囉）。既然我們沒打算泡湯，這裡又禁止攝影，我們怎好意思趴在那裡白看呢？只好遮遮掩掩地觀賞一番後（也實在沒什麼賞心悅目的猛男），便順著旁邊的一座橋離開了。

冬季的滑雪場

順著橋向前走，便到達其中一處滑雪場的下方。藏王其實是個滑雪勝地，其冬天的樹冰景色也是一大特色。不過現在尚未下雪，所以滑雪場是關閉的，滑雪場上也是碧草如茵。我們順著石子路往下走，坡度陡得讓我們不禁想像，如果能就地滾下去，可能會更快到達下面的馬路。當然也讓我們覺得滑雪眞是一項可怕的運動，從這麼陡的坡度衝下來的速度感，大概和坐雲霄飛車快要差不多了吧，到了下面又該如何刹車呢？眞讓人佩服。

讓人感動到流鼻水的鴫の谷地？

走了好幾分鐘，又在坡道上的街巷穿梭了一陣子才回到馬路上，經過了鴫の谷地的標示牌都不自知。因爲它的標示牌是在低於馬路面的草地上，我們沒看到，又朝向上山的馬路走了好一陣子，越走越覺得不對勁，一個散步道怎麼可能要先穿過這種像高速公路一樣的道路呢？我們決定回頭。

回頭又仔細地尋找一番，才終於找到散步道的入口，順著滿是落葉的步道散散步。這裡幾乎是空無一人，我們偶爾停下來拍拍照。

鴫の谷地是一個水芭蕉的群生地，有一個十分寂靜的湖，繞行谷地一週約15公里，大約要花上一個鐘頭左右。反正我們閒來無事，便一面踩著滿地落葉，一面聊著韓劇藍色生死戀的

帶有神秘感的湖泊。

劇情，以及侯文詠寫的大醫院小醫生的感人故事，不時還從頭上飄下一些針葉狀的落葉，走著走著，也不知是太熱還是對劇情和書中的故事太投入，兩人還不禁流下感動之鼻水。真不知道我們是來散步尋樂的，還是來感懷人生的？！

　　湖畔有木頭桌椅，我們在那裡走近湖邊，稍事休息，還可以遠眺地藏岳。比較好笑的是，湖畔居然還有個網球場，不知道是什麼樣的人會跑來這裡打網球。在這谷地散步，雖然是無奈之下的選擇，但感覺還是很美。

　　散完步後，眼見山間到山頂依然有濃霧遼繞不散，只好死了這條心，況且有的覽車根本也停駛了，只好準備去搭下午兩點四十分下山的巴士，搭巴士前先去買了些土產才去車站。到了車站，賣票的老先生再度告訴我們，他早上去看過，什麼也看不到，這也稍稍減少了我們的遺憾之情，既然天公不作美，硬是不讓我們欣賞藏王山上的美景，我們也沒辦法。他又問我們要去那裡，我們告訴他要去福島，他便建議我們可以去日

光，大概說了一些讚美日光景色的話吧，我們也聽不懂，此時巴士也來了，我們跟他道了再見，便上車揮別藏王高原了。

好個悠閒時光敗家去

到了山形車站，距離我們預約的六點三十五分的車還有一段時間，我們便先在車站內的百貨公司逛逛，害我們又花了一大筆錢採購禮物。看到一件可愛得要命的圍裙，布料滑滑的，是有點發亮的淡粉紅色，也還有其他顏色，真的好想買。因為韓劇裡的女生都穿著各式各樣的可愛圍裙在家裡忙進忙出的，所以看了也好想擁有一條這樣的圍裙，似乎穿上了這種圍裙，自己就能化身為韓劇中溫柔能幹的女主角（真夠白目了）。但想來想去，一件圍裙要日幣4900元（還要加5%的稅），換算成台幣也要一千多元，自己在家裡是既不打掃，也不煮飯，該在什麼時間來穿這條圍裙呢？不做家事的女人居然花大錢來買圍裙，簡直笑死人，所以在那家店裡賴了半天，把人家的圍裙摸了又摸，最後還是悵然放棄。

在那另一頭，另一個姐妹也同樣為了一件小東西煩惱不堪。貝鼻看中了一個小小的木製小鏡子，還有一個小抽屜，小鏡子上有塊很可愛的小布可以把鏡面遮起來。同樣的煩惱，當然就是價錢不便宜囉！所以同樣是在那裡佇立良久，遲遲下不了決心。回想前兩次來日本，有些東西當時捨不得買，回國後不是再也找不到類似的東西，不然便是價錢翻上好幾倍，所以便鼓勵她買，但平時阿莎力的她，突然變得十分猶豫。最後決定不買，我們才終於離開那家令我敗家的可愛商店。

福島的東橫INN

買完東西仍有時間，我們便改搭下午四點三十八分的車去

湖畔蒼涼的樹木。

在這次的旅程中，只要看到紅葉就忍不住猛拍個不停。　整個散步道上都是落葉。

福島，可惜只剩吸煙區的坐位，車廂內煙霧彌漫，十分難受。

　　由於今天行程十分悠閒，幾乎算是根本沒去什麼地方，所以晚上到旅館check in後，我們仍有體力去附近的櫻野百貨逛，在這裡終於看到大姊大交待要買的漂亮的明信片，所以趕緊搶購了好幾本，還有好多Snoopy的相關產品，讓喜歡Snoopy的太后流連不忍離去，直到相約明天會再來逛，才放心回到旅館休息。

　　晚上喝了在藏王高原的便利商店買來的梅酒，還滿好喝的。喝完酒後睏極了，每天幾乎都是超過十二點才睡的，今天也不例外。雖然住了許多天的東橫INN，不過福島的很不一樣哦，他們的被子居然是很輕的羽毛被，窗簾的質感也比較好。

迷惑你的雙眼
——五色沼

磐梯山在明治二十一年七月時曾發生火山爆發，
三十億噸的碎石和泥流噴向及流向檜原村的方向，
而這次爆發後，誕生了檜原湖及小野川湖等三百多個湖沼群。
由於湖沼呈現出五彩的顏色，因此被稱爲「五色沼」。

變化萬千的五色沼湖沼群

今天是賞楓行程的最後一天，因為明天我們就要回台北了。昨晚查看過紅葉情報，我們今天預計要去的磐梯高原已是落葉，真令人無奈。其他的一些景點也大部分是落葉，而且交通十分不便，所以也無法更改行程了。

早餐的餐具很可愛，大廳也有兩台電腦，住宿費也比郡山的東橫INN便宜，雖然得花點時間先坐車去郡山，不過還滿值得的。

往郡山的班次不多，我們坐九點零二分的新幹線，再搭乘磐越西線到豬苗代站。搭磐越西線時，在車上遇到很多小朋友，在車上玩玩鬧鬧，很不安分，看到沿途的美景，也會跟我們這兩個外國人一樣，驚呼連連。

到了豬苗代站，出了車站大門，過個馬路的左手邊就是會津巴士的車站。我們搭十點三十五分的巴士到五色沼的入口（車資日幣750元）。五色沼入口是一個小小的站，只有一個小小的亭子，往亭子的左後方走，就可以看到五色沼探勝路線的地圖。

探勝路線的入口左手邊還有一個小小的裏磐梯遊客中心，我們逛了一下遊客中心，有介紹一些植物，沒其他太特別的東西，

又坐到了另一種新幹線，這次真的是坐夠本了呢！

會津巴士五色沼入口車站。

磐越西線豬苗代車站。

小小的磐梯高原車站。

於是我們就前往第一站毘
沙門沼了。

　　五色沼是從磐梯山噴火
而造成的大大小小的湖沼
群的總稱，正式的名稱叫

Tips:

◆交通：從郡山搭乘磐越西線到豬苗代
　站，再搭乘會津巴士到五色沼入口站
　（也可坐到磐梯高原站）。

「五色沼湖沼群」。明治二十一年七月時，發生一起災難，磐梯
山的水蒸氣爆發，因此有三十億噸的碎石和泥流噴向及流向檜
原村的方向，堵塞了很多河川。有四百多人在這起災害中死
亡，是明治之後最大的一次火山災害。

　　在這次爆發後，誕生了檜原湖及小野川湖等三百多個湖沼
群。由於酸性較高的湖沼會呈現出五彩的顏色，因此被稱為五
色沼。五色沼又分為兩個水系：一個水系包含了毘沙門沼、弁
天沼、るり沼、青沼等強酸性的湖沼，另外一個水系則是酸性

較低的彌六沼、父沼、母沼及柳沼等。

　　因湖沼所含成分及沈澱物不同而導致湖水的顏色有鮮綠色和深藍色的不同是五色沼的一大特徵，陽光的照射更是形成五色沼色彩變幻萬千不可缺少的要素。

　　五色沼探勝路線是一個全長3.6公里的路線，全程走完約要花一小時又十分鐘。從東側的五色沼入口停車場開始（就是我們所走的入口），沿途可觀賞到毘沙門沼、赤沼、深泥沼、弁天沼、るり沼、青沼、柳沼等，然後接續到達西側的磐西高原車站。

毘沙門沼

　　到了毘沙門沼，果然讓我們十分驚艷。雜誌上那棵火紅的楓樹就活生生地矗立在我們面前。平靜的湖面當中，有幾個人悠閒地划著小船。Oh！My God！總算有一個地方跟雜誌上講的一樣了，我們心中湧起了一股否極泰來的感動（不過雜誌上的楓葉是很漂亮的黃色，我們看到時，已是更成熟的紅色）。好不容易找到一個「標準的秋天景色」，我們當然很想在那棵美麗的楓樹下，拍下「到此一遊」的珍貴照片。

　　無奈和我們相同想法的人實在太多，我們連楓樹邊都擠不過去，大家紛紛在樹周圍搶拍照片，這股熱鬧的景緻，和我們之前涉足的很多「方圓幾百公尺內沒有其他遊客」的寂靜景象大異其趣，當然也頗有點掃興，就算拍到了照片，有這麼多陌生人當背景也不會好看，只好在遠方替這棵樹照了幾張，便準備往前走。

　　不過愛好划船的太后，看到可以在湖中泛舟的機會，實在心癢難搔。但奇怪的是，遊客雖多，泛舟的卻很少，不知是季節不對的緣故，還是日本人不喜歡划船。在貝鼻「等下有時間

毘沙門沼的美麗楓樹及樹下一整排的遊客。

我們再來划」的哄騙下，我們就先沿著原始的步道往前走了。

　　後來才知道，整個行程並非太后原先想像的繞一圈後回到起點，所以當然就沒機會再來考慮要不要划船了，不過要在面積廣達十萬平方公尺的毘沙門沼划船，似乎也頗為可怕，恐有迷路之虞。

　　毘沙門沼的水源是來自るり沼，毘沙門沼本身也會湧出水來，而這個沼的水會流向豬苗代湖。冬天結冰時的景色也十分美麗哦（看照片的）。

　　沿著步道往前走，已經少見楓葉了，只有滿地的落葉，讓我們不禁感嘆，這次的賞楓之旅，不如改為落葉之旅來得更加恰當。不過別小看這些落葉，能走在佈滿落葉的林間小道上，也是頗富詩意的，可以一邊踩著落葉，一邊自行想像滿是楓紅的盛況。

　　每到一個沼，路邊便會有指標和說明。今天的天空也很配合，不時飄來一朵雲，時而遮蔽住陽光，時而露出燦爛的陽光，正好讓我們欣賞沼面隨著光影而幻化的不同色彩。再加上

弁天沼。

湖沼四周枯黃的水生植物及林中瘦長光禿的枯木，呈現出一股
幽靜神祕的氛圍，讓人不禁很想潛入湖面探索這繽紛的水面
下，到底隱藏了什麼樣的祕密。

赤沼

　　赤沼是五色沼中面積最小的沼（2300平方公尺），但酸性
卻最強。由於這個沼只有本身湧出的水，るり沼的水流不進
去，所以酸性特別高（比起下游的毘沙門沼等）。

　　「赤沼」這個名稱的由來，是因為沼中大半是硫酸及鐵離
子，由於強酸的緣故，使得鐵離子變化成紅色，連帶使得沼的
四周的蘆葦也變成紅色，故名赤沼。赤沼的水色是偏綠的，但
我們拍到的照片卻看不太出來。

深泥沼（みどろ沼）

深泥沼大概是我們用肉眼看起來，呈現最多顏色的一個沼吧。不需經過陽光照射的變化，即很單純地呈現出藍色、紅色及綠色至少三種顏色。到了冬天，因為太冷而缺少活的植物的緣故，會呈現淡藍色。

深泥沼有時會看見紫色的部分，是由於枯萎的蘆葦堆積在水中，附著了紅色的鐵離子，在晴空的照映下，反而呈現出不可思議的紫色。沼中那一抹一抹的顏色，像把剛沾滿顏色塗料的畫筆和入水中而尚未散開一般，是一個滿漂亮的沼。

深泥沼。

赤沼。

弁天沼

弁天沼是僅次於毘沙門沼的第二大沼。因為面積很大，風也不小，所以似乎很難看到平靜的水面。弁天沼的水是從るり沼的水，流經青沼而來的，所以這三個沼的水質和植物生態都頗相似。雖然和るり沼及青沼一樣，是屬於硫酸較多的水質，但弁天沼是當中含量最多的一個。整個顏色看起來

多為藍色和綠色。冬天則會完全凍結。

るり沼（瑠璃沼）

　　るり沼有一個很美的中文名字，叫做王留璃沼，是不是一聽就讓人連想到一個有著王留璃般色澤和質感的湖面呢？！

　　這個沼最大的特點，大概在於其透明度吧。前述幾個沼的透明度都只有約四、五公

柳沼附近的楓樹。

尺，而瑠璃沼的透明度卻深達21公尺，和有名的北海道的摩周湖的20公尺左右不相上下。當然啦，我們是沒有站在水邊檢視一下是否真能透視水面達20公尺以下，因為它離遊步道有點距離。所以我們似乎也沒有拍到相片。

柳沼

　　柳沼是在遊步道出口的一個小沼。這個沼積存了從彌六沼流過來的水，水的顏色和其他的沼都不太一樣，看起來不太有「沼」的感覺（「沼」常讓我有「不會流動的水」的感覺），倒像個湖，顏色也和一般的湖水類似。

　　在柳沼的附近，也有幾棵火紅的楓樹，和毘沙門沼的那幾棵相呼應，還真是有始有終啊（就是中間全沒了）。

　　一路走來還算平坦，途中看到一個日本人帶著三個西方人

佈滿落葉、充滿詩意的林間小道。

遊覽。日本人看到我們兩個人互相替對方拍照，便好心地主動問要不要幫我們照相，不過他顯然是又錯把我們當成同胞了，見我們一臉疑惑的眼神，便改口用英語問我們不是日本人嗎？接著又問我們從那裡來？這個問題在我們這次的日本行中已被提起了許多次。西方人聽到我們是從台灣來的，其中一位婆婆（三位年紀都很大了）立即用中文說「你好」，逗得我倆哈哈大笑，同時也讓人覺得十分親切，分手時也用中文道了再見。

檜原湖

到了出口處，過個馬路便可到檜原湖。由於湖畔風實在太大，所以本來想順便來個檜原湖畔探勝路之旅，便也以在湖邊賞賞景來代替。即便想在湖畔賞景，也被強風吹得我們東躲西閃地，看看也沒什麼人搭遊覽船，我們便躲進一家販賣各式可愛音樂盒的小店，店實在很小，賣的音樂盒都很可愛，不過價格不便宜，所以看來看去，我們還是空著手出來了，接著便去

五色沼中的小徑。

等下山的巴士。

到郡山車站shopping去！

搭上一點四十分的會津巴士，回到豬苗代車站時，剛好錯過將近兩點的那班磐越西線，難怪一堆人用跑百米的速度衝下車及衝向車站，看來我們的敏感度還是不夠，要是跟著人群衝過去就可以搭上那班車了。

此時若要利用下班車前的空檔去會津若松又太趕，如果要去豬苗代湖等地也太遠，不知是我們時間算得不好還是這些景點真

秋天中最美的就是葉子配上藍藍的天空。

的相隔太遠，我們只好先去吃頓午餐。

豬苗代車站附近十分冷清，街道上空無一人，商店也很少，放眼望去，別想找到什麼可以閒逛之處。好在車站對面有一家店，可供我們飽食一頓及避避寒（這一帶風可真是大）。店內同樣十分冷清，有一對從大陸來的男女，及兩個操廣東口音的歐巴桑，店內可說全是華人了。點了兩碗麵，老闆端來兩杯冰開水，我們內心不禁埋怨「想凍死我們嗎？這種天給冰開水」！客人雖少，餐點卻上得很慢，好在我們此時多的是時間，一邊看資料一邊等餐。吃完後，略逛了一下這家店賣的小東西，能逛的東西實在不多，我們只好再度回到車站。

其實豬苗代車站雖小，來來去去的人卻不算少。坐上下午三點零八分到郡山的車，在郡山車站旁的無印良品，貝鼻終於買到了一個堅固耐用的行李箱拉桿，總算可以放心了。我也買了一把很輕的雨傘，還滿貴的，但旅行時身上背的東西總是越

輕越好。接著又逛了車站內的百貨公司，買了一些特價的衣服。日本百貨公司便宜的東西可以很便宜，而且看起來質感還不錯，不像台灣百貨公司拍賣時，衣服就亂堆得像廉價的抹布似的。

我們搭上預約好的五點二十八分的新幹線回福島，先回旅館查好明天要坐的回東京的班車，去車站訂好位子，再去櫻野百貨買肯德雞當晚餐，又去它的超市買了特價又特價的大盒鮮奶和咖啡，由於是快到期的產品，所以一盒約950cc的鮮奶才日幣100元，同樣容量的咖啡才日幣98元（未含稅的價格），換算成台幣才約三、四十元，讓我們晚上喝得十分痛快。而且日本的罐裝咖啡和我們這次買的盒裝咖啡，都很好喝哦，後來再喝台灣的類似飲料，總有差了一截的感覺（純粹就味覺來討論，跟愛不愛台灣沒有關係哦）。買完東西也差不多八點了，便回去旅館享用晚餐並整理行李。

再次勇敢的說英文！

在我們出去吃晚餐前，還發生了一段讓我們血脈噴張的小插曲。這件事起因於我們在網路上訂機票，上面寫說要自行確認機位，本來想在台灣這裡出發時順便確認，免得到日本有語言障礙，無奈遇上機場電腦當機事件，根本無法確認。而今天已是出發回台灣前的最後一晚了，想想不確認也實在不太放心，只好鼓起勇氣來打個電話。我們拿著易X網印給我們的機位資料，撥了上面寫的航空公司的電話，但一直打不通，後來上網查詢，才發現電話號碼根本就寫錯了。

好不容易撥通電話，但由於本人十分愚昧，不知道機票號碼到底是那一個號碼，所以語音聽到一半就無法繼續操作下去，我們想起許多日文會話都有教人如何請旅館櫃台人員幫我

們確認機位，所以便轉身向旅館的櫃台人員求救。

　　但櫃台人員英語程度實在太差，搞了好久才知道我們的意思，卻不願幫我們確認，只告知我們有航空公司一定有講英語的服務人員（廢話，問題是接不到服務人員那一關），看他們不願幫忙，我們只好繼續和那通電話奮戰。

　　後來貝鼻好不容易從一堆外語中，找到了接通服務人員的方法，但接通後，又緊張兮兮地把話筒像燙手山芋似地丟給我，我只好操起我的破英文，告訴對方我想確認機位。

　　問題又來了，確認機位還是會問妳機票號碼，我只好厚起臉皮跟她說我不知道什麼是機票號碼，請她告訴我號碼寫在那裡。服務小姐不知是嫌教我麻煩還是想要以客為尊，當下就改為問我基本資料，對過基本資料後，又問我電話等，我告訴她旅館的電話，她問我住幾號房，此時緊張得心臟已經快麻痺的我，又自動把一連串的傳真號碼報給對方。對方只好重複問一次我的房間號碼，我又羞又愧地把房號報給她，後來她好像就突然沒說話了。我就問她說，這樣就好了嗎？她也回了我一句：妳還有什麼需要服務的嗎？我只好再度又羞又愧地道謝之後掛斷電話。

　　講完這通電話，我倆相視對方，都因緊張過度而滿臉漲得通紅。我們彼此安慰了一下，才開始逛百貨公司。這讓我覺得，日文就別提了，實在該把英語會話熟讀一番再出國的。

靈機一動去瞎拼——東京

其實這次行程並沒有安排東京這一站，
甚至我們一直以為與東京的緣分大概僅止於「東京車站」了。
沒想到在福島的最後一天，
居然有半天的時間可以在東京大肆血拼一番。

福島的櫻野百貨

說起東京這個地方前前後後也去了兩、三次了，但每次都只是蜻蜓點水似的遊玩，從來也沒有真正深入的去探訪。雖然像是新宿、淺草、原宿…等一般人一想到東京就會聯想到的地方都去過，但光去過這些地方也實在是稱不上是東京通。雖然遺憾，但因為行程上的安排，加上我們對於追求流行的慾望並不強烈，所以心中還算是能釋懷。

　　其實在這次行程的安排上並沒有東京這一站，甚至我們一直以為與東京的緣分大概僅止於「東京車站」了，沒想到在福島的最後一天居然會靈機一動的決定利用最後半天的時間在東京進行採購的任務，這對一路上一直對事先安排的行程表循規蹈矩的我們而言，還真算是個不小的轉折呢！

　　事情的起源就是發生在櫻野百貨中。在剛到福島的那天晚上，在歷經七、八天的「鄉間生活」後，對於百貨公司及購物的癮頭簡直是再也按奈不住了，所以一看到旅館旁就有一家頗具規模的百貨公司——櫻野百貨，馬上就決定晚上的行程就安排在那裡了。

山手線的新宿站。

　　本來的計畫是在櫻野百貨的地下街吃完晚餐後再隨興的逛逛，沒想到這家櫻野百貨還真特別，根本沒有地下室，而我們習慣的附設超市居然就在一樓！看了我們當場傻眼，但想想反正餐廳設在樓上的百貨公司也不少，所以

靈機一動去瞎拼——東京

玻璃窗內掛的是提袋，只要買東西就會有喔！

就按捺著饑餓的肚子上樓。

意外的是，樓上只有肯德基和麥當勞兩家速食店，又是令我們另一次傻眼。雖然我們並不是討厭吃速食，但既然都在日本了，幹麼一定要吃在台灣就吃得到的東西呀！但是又累又餓的我們實在也不想再花力氣去找食物了，所以只好決定屈服眼前的情況，不過由於百貨公司都關門得很早再加上那時已大約七點鐘了，所以決定先逛一下再外帶回旅館吃。

愛「史」成癡轉戰東京

與速食店同一層樓的就是文具部，而且範圍還不小，所以逛著逛著倒也忘了肚子餓這件事，沒想到雖然櫻野百貨在食物上令我們失望，但是在文具部卻給了我們大大的補償，我們找到要幫大姊購買的明信片，而且由於花樣太多種，連原本不打算買的我們都忍不住挑了幾本，最重要的是，這家櫻野百貨居然有一大堆的史努比產品，太后的愛「史」成癡當然是發作的

明治神宮的參道，前面的大鳥居可是從台灣運去的神木喔！

淋漓盡致，當下就把平時的理智拋到九霄雲外，恨不得把所有
的東西都包回家，還好在百貨公司營業時間即將結束的提醒
下，總算是稍稍恢復一點。不過也因為時間不夠，實在是沒辦
法仔細挑選，只好決定隔天晚上再來「朝聖」，而由於我們在
文具部實在是耽擱太多時間了，居然最後連速食也沒得吃，無
奈之餘只好在便利商店隨便買買東西裏腹。

　　隔天我們從五色沼回福島後，當然是馬上衝到櫻野百貨，
甚至決定今晚不要浪費時間在吃飯這件事上了，直接選擇肯德
基就好，把時間省下來用在「瞎拼」上！

　　不過很可惜的是，在仔細看過史努比的相關產品後，雖然
種類不少，像是餐具、文具或是鑰匙圈這一類東西都有，但總
覺得買得不過癮，無法令人滿足，這時我們忽然想起了東京的
「史努比世界」（Snoopy Land），前兩年我們第一次去日本時，

表參道。上面都是石子路，以前是讓馬車走的，現在人走在上面滿吃力的⋯⋯。

就曾在偶然的情況下發現了一家史努比專賣店，這家史努比店不但大、東西多，重要的是交通非常的方便，我們只要拿著我們的JR PASS，根本不需要另外支付車錢就可以到達目的地！

一想到這個，就決定不再浪費時間在櫻野百貨中，回到旅館後，我們利用東橫inn的網路再確認了一次史努比世界的地點之後，就安心的上樓吃晚餐了。

期待中的史努比世界

一大早起床後，因為從福島到東京要花約一小時的時間，所以前一天我們就訂了比較早的新幹線。順利到達東京車站後，因為提著大行李實在太不方便了，就找了投幣式的置物櫃放行李，在尋尋覓覓了將近半個鐘頭後，總算是找到幾個空的小型置物櫃，好險我們帶的不是登機箱，在塞了三個櫃子後，總算把我們的行李全放了進去。小心的記好行李的位置後，我們就趕緊去找山手線的月台，沒想到隨便選了一個入口進站才發現裡面多得是大型的置物櫃，不過放都放了也沒辦法囉。

史奴比世界旁邊就是明治神宮。神宮前的神宮橋到了星期假日會有很多COSTPLAY在這裡「表演」。

搭乘山手線幾站後，就到了原宿這一站，史努比世界就在原宿車站的正對面，非常的好找，原宿車站的後方就是明治神宮的入口，也是一個值得參觀的地方，但既然我們以前就去過了明治神宮，

史奴比世界的招牌，是不是很可愛呢？

而且時間也有限，這一次就不打算再去了。我們大約十點左右到達，史努比世界那時還沒開門呢！

在稍等了幾分鐘後，總算史努比世界開門了，沒想到和我們有志一同的人還真不少，一開始我們還以為這些三三兩兩佇在門口的人是在等人呢，結果店家一開門，他們衝得可真快，馬上熟門熟路的拿起購物籃採購。而我們呢？既然入寶山怎能空手而回呢，當然也是二話不說，各自尋找想買的東西。

雖然整個史努比世界的佔地不算非常大，但因為對要買的東西總是考慮再三，因此我們兩個一共在店裡逛了四個小時，逛得頭昏眼花，神智都快要不清了才終於罷手，結束了「史努比世界」之旅。

報路仔手冊

地理

　　對第一次接觸日本的人來說，常常搞不清楚日本東北和北陸地區的不同，常把北陸當成東北地區，其實日本的北陸地區是位於東京下方的三個縣，而東北地方則是北海道以下的青森、岩手、宮城、秋田、山形、福島六縣，所以在查資料時千萬別找錯地方了。

日本的分區（近似省名）	縣名
北海道	北海道
東北	青森、岩手、宮城、秋田、山形、福島
關東	東京、神奈川、埼玉、千葉、茨城、栃木、群馬、山梨
信越	新潟、長野
北陸	富山、石川、福井
東海	愛知、岐阜、靜岡、三重
近畿	大阪、兵庫、京都、滋賀、奈良、和歌山
中國	鳥取、島根、岡山、廣島、山口
四國	德島、香川、愛媛、高知
九州	福岡、佐賀、長崎、熊本、大分、宮崎、鹿兒島
沖繩	沖繩

　　通常國人旅遊的景點有以下幾種組合：1.東北地區。2.東京地區：搭配箱根或日光等離東京三小時內距離的景點。3.大阪一帶：最常見的是「三都物語」，所謂的三都就是大阪、京都、神戶，或是加上奈良、姬路城等。4.北海道地區：北海道的兩大城市札幌及函館是行程中必備的，另外會再加上洞爺湖之類的自然景點。

氣候

　　日本雖然也是海島型的氣候國家，但因為緯度偏北的關係，所以四季分明，不像台灣好像只有分夏季和冬季。而到日本旅遊的最佳時機是春天及秋天，春天大約從三月中到四月中旬左右，日本各地櫻花的開花時間會由南慢慢的往北移動；楓葉轉紅的順序恰與櫻花相反，每年約從十月開始，由北往南的向下染紅，楓紅的時間約持續到十一月下旬。無論是觀櫻或是賞楓都要非常注意時間，因為去錯了時間，要不就是葉子還沒紅，要不就可能是葉子已經掉光了，這一方面可以參考許多日本的網站，每一

年無論是櫻花季節或是楓葉季節，日本都會有許多的網站報告各地的開花及楓紅情形，如果一時找不到，也可以直接在日本的雅虎網站上看到。

　　春、秋兩季的氣候有一點類似，早晚的氣溫大約在15度左右，白天的氣溫則視天氣情朗度而定，有時候若太陽很大，甚至會接近到30度左右，不過只要一離開陽光站在陰影底下，馬上又會有一股寒意衝來，所以最好的穿著方式就是內薄外厚，裡面不妨穿個襯衫或七分袖的線衫，外面再加上一件毛大衣或是鋪棉外套即可，尤其在日本只要是室內包括電車中都一定會有暖氣，若是穿得太厚，例如羽毛外套之類的，一定會當場覺得自己是悶燒鍋。

　　當然若是專程去賞雪的，該加的禦寒衣物就要多多注意，但是從實際的觀察結果來看，我們每次去日本時都覺得我們穿得實在是比日本當地的人多太多了，這大概是身處於亞熱帶的我們較不耐寒的緣故吧。

　　日本的夏季氣溫跟台灣就非常相似，都是屬於酷熱型的，除了北海道地方溫度較低外，其餘地方大都是炎熱型的天氣。日本人是非常不耐熱的，因此到了夏天常常喜歡吃鰻魚飯解熱，雖然不知道鰻魚飯到底是不是真的可以消除暑氣，不過夏天時的確是滿需要好吃的東西來提振味口。

　　在出發前不妨多查查日本當地的網站確認溫度，這樣在整理行李時才能準備適合的衣物。

Tips:

◆日本雅虎ＹＡＨＯＯ！ＪＡＰＡＮ：
http://www.yahoo.co.jp/
日本雅虎的網站對日本各地介紹的網頁連結做得非常完善，可以選擇首頁中「地域」的部分。天氣部分的報導也很詳細，準確度也滿高的，值得信任。

人文概況

　　日本人雖然和我們一樣都是黃皮膚黑頭髮，但只要走在日本的街道上還是很容易分辨出不同處，尤其是日本的年輕女性穿著打扮都非常的時髦，像我們這樣連點口紅都不上的觀光客一眼就可以看出不同。除了上班族女性衣著入時，就連國中、高中的女學生臉上的妝也堪稱專業。至於男生方面，日本男性大概可分為兩大類：一類是上班族，一律是以西裝為標準裝扮；一類是非上班族，穿著上就比較隨興，有一點嘻哈的味道。

　　雖然英文也是日本教育中的必修科目，但是我們遇到的大部分人對英文仍然是卻步的很，不過好處是如果遇到一些尷尬的事，只要說幾句英文，通常就能混過去，他們也實在拿你沒輒。

　　不過現在比較好的是，年輕人的英文教育在會話的方面加強了許多，所以在對答和聽力上都能做溝通，比較不會有雞同鴨講的問題，但若是35～40歲以上的中老年人，大概就別想要用英文溝通了。不過好玩的是，我們在日本當地旅遊的時候，不知怎麼的，碰過不少之中老年人向我們問路，當我們表示對日文不太懂時，他們仍然能自得其樂的說個不停，實在是讓我們哭笑不得。

雖然日本各地的觀光景點、設施都有英文的指標與解釋，但對於習慣看漢字的我們來說，自然而然的還是會以漢字為準。大部分的地名都有漢字，所以認路上不會有什麼問題，少部分的地方只有平假名，就只好靠強記了。所以如果至少能讀得出五十音，對去日本自助行來說仍是方便的多。

　　在日本旅遊時最好能避開上午九點與下午六點的上下班尖峰時間，尤其是像在東京這樣的大都市，上下班人潮之擁擠，已經不是用沙丁魚罐頭來形容了。雖然曾經聽過傳說中日本車站月台上的「白手套」站務人員（專門負責把乘客推擠上車的人），但是一直到我們親眼看到，才知道誇張的程度，有時候門關起來還會夾到人呢！

　　除此之外，晚上九點到十點也是另一波的擁擠時段，這是因為許多上班族吃完晚飯後又去續攤喝酒，就會差不多在這個時間結束，當然如果續到第三攤、第四攤，那時間就會更晚。因此在這一段時間搭電車時常常會聞到上班族身上傳來的陣陣酒味，有時候誇張一點的，也會在路邊看到喝得醉醺醺的上班族倒在路旁。

　　日本人的吸煙人口眾多，車站中都會設有專門讓人吸煙的「喫煙所」，餐廳中大都也不禁煙，因此常常在用餐用到一半時會從隔壁桌飄來一陣煙味，電車上就比較好，除了新幹線上有專門的吸煙車箱外，一般的電車都是禁煙的。

　　日本是個很有禮貌的國家，所以無論是一般民眾或是店家大都相當的親切有禮，若是不小心犯了什麼錯或是冒犯了別人，只要趕緊露出抱歉的微笑及加上一句すみません（斯米媽san）他們大都不會計較，再加上你是外國人，所以也就比較容易得到諒解。

準備篇　出發之前

辦理護照

　　可以選擇自行辦理，也可委託旅行社代辦。通常若是參加旅行團或是請旅行社代訂機票，旅行社都會免收手續費代辦，但若只單獨請旅行社辦理護照，可能會視情況收取手續費。

（一）辦理地點

地點	地址	電話
外交部領事事務處	台北市濟南路一段2-2號3~5F	02-2343-2807
台中辦事處	台中市黎明路二段503號1樓 （行政院中部聯合服務中心廉明樓）	04-2251-0799
高雄辦事處	高雄市成功一路436號2樓	07-211-0605
花蓮辦事處	花蓮市中山路371號6樓	03-833-1041

（二）受理及領件時間

每星期一～星期五，上午8點30分～下午5點（中午不休息）；星期六、日及國訂例假日不上班。

（三）所需時間

收件後四個工作天，遺失補辦需五個工作天。

Tips:

◆外交部領事事務局資訊網：http://www.boca.gov.tw/

（四）申請必備資料

1.填繳普通護照申請書乙份。

2.繳驗國民身分證正本（驗畢退還），並請將正、反面影本分別黏貼於申請書正面（正面影本上換補發日期需影印清楚，以便登錄）。14歲以下未請領身分證者，繳驗戶口名簿正本或最近3個月內辦理之戶籍謄本，並附繳影本乙份。

3.繳交照片兩張（6個月內拍攝之2吋光面、白色背景、脫帽、五官清晰正面半身彩色照片，人像自下顎至頭頂長度不得少於2.5公分或超過3公分，不得使用戴墨鏡照片及合成照片），一張黏貼，另一張浮貼於申請書。

4.繳交尚有效期之舊護照。

5.男子自15歲之翌年1月1日起至40歲當年12月31日止（年次算）送件前請持相關兵役證件（已服完兵役、正服役中、或免服兵役證明文件正本）先送國防部或內政部派駐本局或各分支機構櫃台，在護照申請書上加蓋兵役戳記，（尚未服兵役者免持證件，直接向上述櫃台申請加蓋戳記）再赴相關護照收件櫃台遞件。

6.未成年人（未滿20歲，已結婚者除外）申請護照應先經父或母或監護人在申請書背面簽名表示同意，並黏貼簽名人身分證影本。

7.持照人更改中文姓名、國民身分證統一編號等項目，不得申請加簽或修正，應申請換發新護照，並繳交3個月內戶籍謄本乙份。

8.外文姓名非中文姓名譯音或為特殊姓名者，需繳交舊護照或足資證明之文件，申請換發新照須沿用舊護照外文姓名。更改外文姓名者，應將原有外文姓名列為外文別名，其已有外文別名者，得以加簽辦理。

9.護照規費新台幣1200元（請於取得收據後立即到銀行櫃台繳費，並保留收據，以憑領取護照）。

（五）注意事項

1.原則上護照剩餘效期不足1年者，始可申請換照。

2.申請人未能親自申請，可委任親屬或所屬同一機關、團體、學校之人員代為申請（受委任人須攜帶身分證及親屬證明或服務機關相關證件），並填寫申請書背面之委任書，及黏貼受託人身分證影本。

3.依國際慣例護照有效期限須半年以上始可入境其他國家。

簽證

（一）辦理地點

財團法人交流協會（Tokyo Taipei Kaohsiung）

◎台北事務所：台北市慶城街28號通泰商業大樓1樓

電話：02-2713-8000

◎高雄事務所：高雄市苓雅區和平一路87號南和和平大樓10樓

電話：07-771-4008

Tips:

◆財團法人交流協會（台北事務所）：
http://www.koryu.or.jp/taipei/tw/index.html
◆財團法人交流協會（高雄事務所）：
http://www.koryutk.org.tw/indext.htm

（二）受理及領件時間

每星期一～星期五，上午9 點15分～11點30分，下午2 點～4 點，星期五下午不受理簽證申請，僅處理發證業務。台灣國定假日及部分日本國定假日休息。

（三）辦證所需時間

受理至核發須一個工作天（即當日上午申請者，經受理審查許可，翌日上午可領取簽證。當日下午申請者，經受理審查許可，翌日下午可領取簽證）。遇假日則順延。因日本簽證是直接黏在護照內的，因此申請日簽時交流協會會暫時保管申請者之護照。

（四）簽證的種類

日本簽證可分為一般型（含觀光、商務、過境、探親）、留學、依親、結婚及應聘……等短期停留外的簽證。去日本旅遊時以一般型為主，其中又可分為多次簽證、單次簽證、過境簽證。

（五）申請必備資料

種類	準備資料
觀光	1.半年以上效期之護照正本（另有舊護照者請一併提出）交流協會規定之「申請表」一份。 2.2吋相片一張，正面、脫帽、無背景、半年內拍攝之證件照（不可生活照、電腦列印數位、合成相片） 3.身分證正本及影本（正、反兩面）一份。
商務	除申請觀光簽證之資料外，還需： 1.舊護照。無舊護照者，須提出入出境管理局核發之「入出國日期證明書（過去十年）」，半年內有出國記錄者，加附所前往國家之相關證明文件。 2.交流協會規定之「派遣書」一份，並加蓋公司章及負責人章。

	3.公司執照或營利事業登記證影本。
過境	除申請觀光簽證之資料外，還需：前往第三國之簽證及抵達第三國之機票。
探親	除申請觀光簽證之資料外，還需：1.舊護照。無舊護照者，須提出入出境管理局核發之「入出國日期證明書(過去十年)」半年內有出境記錄者，須加附所前往國家之相關證明文件。 2.赴日理由書（須具體詳細）。 3.日、台雙方之親屬關係證明。 4.在日親屬為日本人時，須提出「日本戶籍謄本」及「住民票」，在日親屬為非日本人時，須提出「登錄原票記載事項證明書」。 5.必要時，須提出在日關係人之邀請信。 ※日方所提資料須為3個月內所核發之正本。
備註	前回日本簽證或舊護照遺失者，除依上述各項目的別規定之資料外，須加附以下文件： 一、舊的日本簽證遺失 1.入出境管理局核發之「入出國日期證明書（過去十年）」 2.半年內有出境記錄者，加附所前往國家之證明資料（如機票、搭機證明或前往國家之簽證等） 3.戶籍謄本（正本，3個月內） 4.日本簽證遺失說明書（交流協會規定之格式） ※依個人情況，除上述資料外，必要時有可能要求提出其他相關資料。 二、舊護照遺失 1.入出境管理局核發之「入出國日期證明書（過去十年）」 2.半年內有出國記錄者，加附所前往國家之證明資料（如機票、搭機證明或前往國家之簽證等） 3.戶籍謄本（正本，3個月內）。 三、簽證申請或領證時代理人之條件 一般短期停留目的之簽證之申請及領證時，除了本人之外，得由二等親以內親屬（出示親屬關係證明），或持有交流協會送件證之旅行社代理。公司同事僅限於代理商務目的之簽證（須出示職員證等同事關係之證明文件）。 四、委由旅行社辦理時 申請表格中的簽名欄，需為本人的親手簽名，而且必須與護照相同，簽名時所使用的筆必須是原子筆、簽字筆等不可擦拭的筆。另外要特別注意的是，申請簽證時所使用的照片不可與護照上的照片相同，除非是新辦護照後馬上申請日本簽證，申請任何國家的簽證時，這方面的規定都是相同的。

（六）簽證的效期、費用

名稱	效期	費用（2004年）
多次簽證	5年有效，不限進出次數，單次停留不可超過90日。	1900元台幣
單次簽證	3個月內有效，只能進出一次，停留不可超過90日。	900元台幣
過境簽證	4個月內，出國、回國時途經日本可分別入境一次，停留日不可超過15日。	200元台幣
註：如果行程中預定前往沖繩，申請簽證時須出示前往沖繩之証明文件（如機票），則單次簽證免簽證費。		

預訂機票

　　目前國內提供直飛日本的班機非常多，幾乎天天都有班機直飛日本。不只是東京、大阪、名古屋等常見的城市，連東北地方的仙台、福島等，只要是適當的季節，都會提供直飛的服務。

　　訂機票可利用的管道有兩種：一是網路訂票，二是向旅行社購買。

　　較不建議直接向航空公司購買，第一是自己要一家一家的打電話去訪價，再者航空公司的票面價也會比旅行社來的貴一點，三是並非每家航空公司都提供天天直飛的航班，因此在詢問上也會增加困難度。

　　我們曾經由旅行社辦理過，也在網路上訂票過。以自身的經驗來說，網路訂票的價格在網站查詢時，秀出來的價格雖然看起來較便宜，但是在訂購後會再加上兵險，其實與旅行社的價錢並沒有相差很多，往往只有數百元的價差。而若經由旅行社代為訂票的話，反而可以利用在網路上查詢的價格與旅行社議價，有時業務員也可做為旅遊諮詢的對象，若找不到旅館時，還可請他們代為訂房，對自由行的人來說，其實也可節省一些事先準備的工作。

　　另外我們曾經遇過的狀況是，網路訂購的飛機票必須在旅遊當地自己進行機位確認，對第一次出國就自由行或是對本身語文能力沒有信心的旅人而言，簡直可以用「痛不欲生」來形容。我們就曾為了確認機位，而在旅館大廳耗上一個小時，當時由於網路購票的公司把航空公司的電話寫錯，以致於我們一直無法打通電話，幸虧我們住的旅館一樓有提供免費網路，讓我們得以查詢，不然若真沒有確認，等到了機場才發現沒有機位，就算是「慘」字也無法形容。

　　當然網路也有網路的好處，有時候遇到限期的特價活動，就可以以很便宜的價格買到促銷機票，不過這比較適合機動型的旅人，就是那種隨時請假就可以出國的人或是只是短程旅遊（5~7日）單一地點的人。若是那種旅行前半年就開始計畫，或是去的景點較多的旅人，可能比較不容易碰到促銷票，除非是碰巧遇到的。一般而言國內比較出名的網路訂票公司還算是有保障，比較不會碰到訂了位卻拿不到票的情形，但有時也很難說，服務人員態度不佳或是臨時拿不到票的情形還是曾經發生過，雖然該

公司會賠償，但是被破壞的遊興可不是金錢可以衡量的喔！利用網路訂票最好能在出發前一個月就把票訂好，多留一些緩衝的時間以便處理突發狀況。另外年底常是網路機票促銷的時間，不妨留意。

日本的鐵路

在日本使用的最多的就是鐵路交通了，日本擁有非常發達的鐵路系統，其中又以JR最多。在日本旅遊，若不事先對日本鐵路系統有一點認識，想在日本自助行可是會很困難的喔！

日本鐵路系統分解簡表

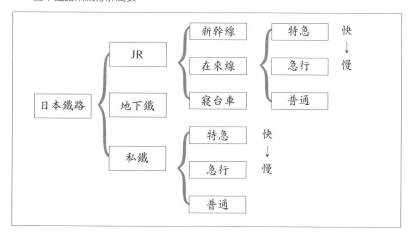

（一）JR（日本國鐵）

JR是「日本國鐵」的簡稱，在1987年前是公營事業單位，而在此之後為了降低赤字，JR依地區的區分被拆成了七個公司，分別是：JR北海道、JR東日本、JR東海、JR西日本、JR四國、JR九州、JR貨物。

各家公司彼此獨立經營，除了繼承公營事業時代的車輛外，也各自

Tips:

◆日本國鐵：http://www.japanrailpass.net/
網站內目前有七種語言的說明提供。也可從此站分別聯結到各JR的網站。可查詢包括JR、私鐵、地下鐵的班車時段，非常好用！
http://ekikara.jp/

繼續發展新的車種及鋪設新的路段，有時也會一起合作發展新的車系，例如新幹線中的700系のぞみNOZOMI希望號就是由JR東海及JR西日本共通合作開發的。而每一個公司為適應不同的地區，會特別針對該區設計獨特的車種，例如東京以北的地區因為冬季下雪之故，所以就出現能夠在雪地運行的200系、400系等車種，而這類車輛能

夠在雪地運行的原因是多了除雪的裝置，除此之外，它的空調是經過特別設計的，能夠防止雪塊被吸入。

（二）新幹線

我們對「新幹線」這個名詞的一般印象就是快速、新穎、準時的列車。的確，日本國鐵是在1912年開始運行，而新幹線則是在1964年時，日本為了配合奧運的舉行，特別在東京與大阪之間開闢了一條新的路線，稱為「東海道新幹線」，讓兩地之間的通車時間縮短為4小時。

在此之後又陸續修建了幾條新幹線，包括：大阪至岡山之間的山陽新幹線（1972年）、上野至盛剛、上野至新潟的東北新幹線（1982年）及上越新幹線（1982年），之後並有延長各線及加建的幾條路線。及至2004年止，共有8條新幹線。

新幹線的鐵道與原先鐵道的最大不同處就是舊軌採用106.7cm的窄軌，而新幹線則是採用143.5cm的軌道，所以普通艙中每一排的座位組位最多是3+2共5個座位，頭等艙則是2+2共4個座位。

新幹線最令人著迷的，除了路線方便及速度迅速外，就是各式各樣的車輛了。目前新幹線共有0系、100系、300系、400系、500系、E系、700系七種車系，各車系又有不同型的車種，除了因應天氣的不同而有特殊的設計外，為了適應地形，例如行駛在山形新幹線及秋田新幹線的E3系和400系車種，車箱就較小，這是為了方便在山區中仍然能夠高速行駛，還有為了提高運量而設計的雙層座位的車種。

E4型新幹線的車頭，是雙層車箱，最多可以同時乘載1635人。

只要開始瞭解新幹線，實在是很容易為它著迷，在日本有許多的火車迷就會特別在某個車站或路線等待，就為了能親眼一睹新幹線的風采。目前有很多專書或網站介紹新幹線，有興趣的人不妨多方蒐集資料，能在赴日前先對新幹線有瞭解，在乘坐它時，一定會更有感覺。同時他們還會販賣各種新幹線車型的小物品或小模型，供火車迷蒐集，在新幹線車廂內都會有販賣物品的雜誌可以訂購哦！

（三）在來線

所謂的「在來」意指「原本」，是相對於新幹線而來，凡非新幹線的路線都稱為「在來」線，例如東海道本線、東北本線……等。原先在來線與新幹線的最大差別在於軌距，不過在山形新幹線及秋田新幹線完成後，因為這兩條路線位於山區，若要新建一條軌道的困難度較高，因此在這兩條上新舊線是共用鐵軌的，而且時速上來說，也不是新幹線平均行駛的約250公里的速度，而是130公里。

車站內的指標很清楚。

（四）私鐵、地下鐵

只要不是JR公司所經營的路線，大都可稱為「私鐵」。例如京城電鐵、小田急電鐵、東京市內的團營電鐵……等。私鐵大部分都集中在市區中，再從市區延伸到市郊，主要的功用是彌補JR在某些路線上的不足，也有像箱根地區的小田急電鐵、日光地區的東鐵鐵道，以觀光為主要目的。地下鐵則幾乎都是市營的，只有在某些大城市中才有，例如東京、大阪……等，在地鐵站中也可以搭乘到私鐵或JR，而且彼此還會互相運行到對方的軌道上，這是為了方便乘客不用轉車就可以直達市中心。

像是在東京這樣的大都市中，各種鐵路的運行非常複雜，在同一站中，像是從甲線走到乙線常常要花費好幾分鐘甚至十幾分鐘，而且因為營運的公司不同，往往是下了車後要先出站，走了一段路後再入站，才能坐到想坐的車班。甚至明明是同一個站，卻因為營運公司的不同而對這個站有不同的稱呼，第一次搭乘的人實在是非常容易搞混。

車資的計算方式

日文中，「運賃」指的就是車資，而運賃是由幾部分組成的：

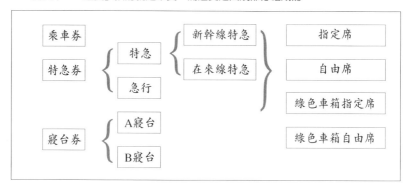

乘車券：按距離來計算價格。

特急券：特急券中因列車的等級不同分為特急車種和急行車種，價格是不一樣的。而特急車則分為新幹線和在來線特急。

指定席：預先訂位。

自由席：有空位即可坐，價格比較便宜。

綠色車箱：較高級的坐位（購買日本JR PASS是無法乘坐此種車廂的，如要乘坐，必須加價。綠色車廂外會有一個綠色的像是幸運草的圖案）。

寢台券：若是搭乘有臥舖的車種，需另外加上臥舖的費用，依等級又分為A、B兩種，A、B中又分別有一人房及二人房，當然價錢也不同。

例如要搭乘東京到仙台的新幹線，就必須支付日幣5780元的乘車券加上日幣4610元的新幹線特急料金（費用），總共需付出日幣10390元。

計算的方式大約如此，若是使用購票機購買或是不坐指定席，價格上會有一些「割引」（打折）。

普通車只需支付乘車券即可，例如東京都內的山手線、中央線等。

JR PASS（日本鐵路周遊券）

JR PASS的完整名稱是「JAPAN RAIL PASS」，指的是「日本鐵路周遊券」。使用的資格是以「短期遊客」（短期滯在）身分進入日本的旅客，若你拿的是商務、文化交流或是留學生等等的簽證，就無法使用JR PASS。總之，就是必須是以「觀光」為目的進入日本的人才有資格使用。

去日本不一定非買JR PASS不可，主要是要視前往的地方而定。例如在東京及東京近郊遊玩，或是只去單一景點，像是京都等，大可不必浪費錢買JR PASS。但若是在JR PASS的有效期限內要前往日本境內多個地區，那JR PASS就絕對是萬中選一的選擇。

2001年去日本時，我們曾購買了7天有效的JR全日本鐵路周遊券，在10天的旅程中，雖然只有5天使用了JR PASS，但在5天內我們從大阪到東京又前往仙台，然後再從仙台返回大阪至關西機場，一張JR票當時的價格是七千多元台幣，但是以我們實際乘坐新幹線次數的票價來算，足足是「賺」了兩萬多元台幣！而且不只是新幹線，像是東京都內的地鐵系統，只要是JR公司經營的，全都是不限次數搭乘。所擁有的方便度，也不是金錢所可以計量的。

內頁。

兌換券。

全日本通用的
JR PASS。

使用券
（東日本PASS）。

（一）購買JR PASS

JR PASS需在日本以外的地方購買，在日本當地不可購買。在台灣可跟各旅行社或旅遊網站上購買。要注意的是，在台灣購買的時候所拿到的是「兌換券」，必須到了日本後，才能以「兌換券」在JR公司規定的地點換成「使用券」。

（二）JR PASS的種類

種類	適用地區	適用車種	票別期限	車票兌換地點
全日本鐵路周遊券	全國	1.鐵路：JR所有車輛－新幹線（不可乘坐のぞみNOZOMI希望號）、特急列車、急行列車、快車以及慢車 2.巴士 A.區域性：JR北海道巴士、JR東北巴士、JR關東巴士、JR東海巴士、西日本JR巴士、中國JR巴士、JR九州巴士、JR四國各條巴士路線。 B.高速巴士：札幌－小樽／盛岡－弘前／青森－十和田湖／東京－靜岡、濱松、岡崎、豐田、名古屋、京都、大阪、筑波中心／名古屋－京都、大阪／大阪－津山、加西花卉中心。 3.渡船：宮島－宮島口	7天 14天 21天	釧路、帶廣、旭川、札幌、新千歲機場、函館、八戶、仙台、山形、福島、新潟、金澤、成田機場、東京、上野、新宿、涉谷、池袋、品川、橫濱、新橫濱、小田原、三島、靜岡、濱松、名古屋、京都、新大阪、大阪、關西機場、三宮、岡山、廣島、下關、高松、松山、小倉、博多、長崎、熊本、大分、宮崎、西鹿兒島之JR車站
關西地區鐵路周遊券 JR-West Rail Pass	京都、大阪、神戶、姬路、奈良	普通列車（含新快速和快速列車）不包含新幹線及特快列車	1天 2天 3天 4天 （2天以上者需連續使用）	關西機場

種類	適用地區	適用車種	票別期限	車票兌換地點
山陽地區全線通車券 Sanyo Area Pass	大阪、岡山、福岡、山陽區域用	1.山陽新幹線（可乘坐のぞみNOZOMI希望號） 2.關西機場特快遙遠號 3.普通列車（新大阪與博多之間） 4.廣島至宮島間的渡輪	4天 8天 （皆需連續使用）	關西機場
關東地區鐵路周遊券 JR EAST PASS	日本東北、信越地區及東京都內	1.可搭乘東日本的五條新幹線，72種特急列車與地方列車。 2.可搭乘熱海、伊東、東京以北之本州JR列車（不含北海道）。 3.成田機場－東京都內的成田特快 4.不包含東北地區JR營運的巴士	5天 10天 彈性4天	八戶、仙台、山形、福島、新瀉、成田機場、東京、品川、上野、新宿、澀谷、池袋、橫濱
九州全線通車線 JR KYUSHU RAIL PASS	九州各縣內	1.特急列車、急行列車 2.不得乘坐自動車線、國際航線BEETLE、新幹線、臥房列車及新幹線。	5天 7天	小倉、博多、熊本、西鹿兒島、長崎、別府、大分、宮崎的各JOY ROAD的分店、博多車站、豪斯登堡車站。
北海道地區鐵路周遊券 JR Hokkaido Rail Pass	北海道地區	1.所有北海道地區的火車、快車及一般電車 2.JR營運的巴士（但不含包札幌－旭川、札幌－紋別、札幌－帶廣、札幌－キロロKiroro之間的巴士） 3.臥鋪列車（寢台車）需另付價差	3天 7天 另有兩人同行7天的周遊券	北海道千歲機場

1.兌換地點以JR公司公告的為準，一般而言在兌換券的背後都有註明兌換地點。

2.艙等：分為普通車箱和綠色車箱（又稱一等車箱），可選擇購買該種類的車票。

3.自由席和指定席：除了地域車種外，無論是新幹線或是特急、急行都有分自由席

及指定席。每班列車約會提供3、4節車箱做為自由席，不需事先訂位，只要有空位即可坐下；指定席則是事先預訂的位置。不喜歡煙味的人記得在訂指定席時特別註明要「非吸煙區」。

（三）JR PASS適用的座位

JR列車種類	座位種類	一等車票	普通
新幹線	綠色車廂	○	×
（不可乘坐のぞみNOZOMI 希望號）	普通車廂	○	○
	綠色包廂	×	×
	普通包廂	×	×
特快 （LIMITED EXPRESS）	綠色車廂	○	×
和快車（EXPRESS）	普通車廂	○	○
	綠色包廂	×	×
	普通包廂	×	×
區域內的列車	綠色包廂	○	×
	普通車廂	○	○

1. JR的所有列車都有普通車廂（硬席），大多數的長途列車擁有軟席車廂（高級綠色車廂）。
2. 「○」符的車廂可以使用「日本鐵路周遊券」乘坐。
3. 乘坐「×」符號的車廂時，需要追加支付費用。

（四）使用JR PASS

在指定的地點將「兌換券」換成「使用券」時，除了攜帶護照、兌換券外，JR的工作人員會請你填寫一張表格。填寫表格上時要特別注意「開始使用日期」的部分，若你不是一到日本就打算使用JR PASS，在填寫的時候就要特別注意。另外姓名的部分必須填寫護照上的英文拼音姓名，這一點千萬別弄錯了，不然可是要重寫的喔！

（五）劃位

1. 海外劃位：目前只有JR東日本提供海外劃位的服務，也就是說你還沒抵達日本即可預先訂位。持有全日本周遊券及關東地區周遊券的旅客都可以使用，甚至連沒有購買JR PSAA的人也可以事先訂位。我們自己並沒有使用過這個系統，一來該網站全都是英文的，二來只要你去日本的時間不是他們的黃金周或是特殊假日，原則上幾乎都會有位置。當然這套系統也可以在你到達日本後使用。

2. 當地劃位：較不推薦這種劃位系統，除非你去的時間真的是一位難求，否則行程一旦更改，事先預訂的座位也必須跟著重新來過，真的滿麻煩的。我們習慣的方式是在搭乘的前一日先去「綠窗口」訂位，因為這樣時間的安排就較為彈性。若真的原先預訂搭乘的該班車沒座位，其實JR的班次非常多，只要改搭別班次列車，一樣可以

順利進行旅程，再不然，也可以早一點進站
搶坐自由席。

找到「綠窗口」後，只要拿著JR PASS
和填寫好的「申請表」交給站務人員即可，
免除了開口的痛苦，之後就會得到一張「指
定券」。若是當天第一次使用JR PASS，站
務人員會蓋上當天日期的章。

（六）進站與出站

當持JR PASS進入車站內時，需從有站
務人員駐守的出入口處進出，只要把JR
PASS秀給他們看就會讓你通過，原則上有
一點像台北市的捷運系統給行動不便人士所
使用的出入口，都設在最邊邊的地方，而若
你是自行購票，就必須經過插票口。

記得第一次使用JR PASS時，不知道該
從那兒進去，一直死命的想把車票插入票
孔，當然是沒有辦法！在一團混亂中，我們
誤打誤撞的從站務人員旁經過，也只是死命
的拿車票給他看，只聽到他不停的說：
「PASS！PASS！」但我們誰也沒反應過
來，還好同伴中有人本來就將JR PASS拿在
手上，而那位可憐的站務人員大概自我安慰
的想：這群傢伙應該是一起的吧，因此只好
無奈的讓我們全都進到車站內。

Tips:

◆日本的國訂假日：
　1月1日　　新年
　1月12日　成人節
　2月11日　建國紀念日
　3月20日　春分
　4月29日　綠樹節
　5月3日　　憲法紀念日
　5月4日　　休息日
　5月5日　　兒童節
　7月19日　海日
　9月20日　敬老日
　9月23日　秋分
　10月11日　體育節
　11月3日　文化日
　11月23日　勞動感謝日
　12月23日　天皇誕生日
◆新年：日本人過的是新曆
　年，因此他們的新年假期約
　是12月29日至1月5日間。
◆黃金周：日本每年有一個類
　似我們春假的黃金周，大約
　在4月29日至5月5日間，這
　時候是日本人本身的旅遊旺
　季。
◆掃墓節：8月13至15日是日
　本人會返鄉掃墓的日子。

機場到東京的指定券。

月台上的乘車資訊。要注意看清楚自己搭的是點幾的車喔！因為新幹線每一種車種的車箱長度不盡相同，所以同一定點，可能是4號車，也可能是6號車。

在車上遇到查票員時，原則上只需要將「指定券」拿給他看就可以，但若遇到比較「龜毛」的查票員時，可能還會一併要求看JR PASS，所以乘車時記得把車票放在容易拿到的地方，免得到時後手忙腳亂的。

在出站的時候，若想把「指定券」留下來做紀念，那就只要把JR PASS讓站務人看就好了，若你把「指定券」拿出來，站務人員會把票券收走，就無法保留了。車站當中有分新幹線專用的月台及普通車的月台，記得不要走錯了喔！

紅色的線是排先發車、綠色的線是排後發車。當紅色線的先發車走了，綠色線就可以排到紅色線。

預訂旅館

若不是對日文有相當的把握，最好是能在出發前就將行程中的旅館都預訂好，若是對自己的日文能力很有信心，則大可先在台灣將沿路上的旅館資料搜集齊全，待到了當地，再視情況於住宿前預訂，膽子大的當然也可以等要住宿時再去找。

但日本當地除了一般的觀光飯店外，無論是和室的溫泉旅館或民宿等，大都希望你能至少在住宿前幾天預定，這是因為

往東北方向的新幹線專用月台。

這類旅館需要事先幫你準備房間及備餐，而為了在旅途中能安心的遊玩，最好還是能在台灣就將住宿訂好。畢竟旅館是旅途中暫住的「家」，若是在遊玩的過程中一直對於住宿的安排沒有把握，對於遊興也是會大大的影響。

（一）預訂旅館的方式

方式	語言	說明	優點	缺點
網路訂房	日文為主，部分旅館提供中文訂房服務。	有一些旅館提供線上訂房的系統，只要一步步按著網頁上的規定進行即可完成。	選擇性較多。	在網路訂房的網頁瀏覽過程中，反而容易因過多的選擇而難以下決定。
E-MAIL、傳真	日文、英文	在網頁上或書籍介紹中看到的旅館，但不提供線上訂房。	免去直接開口的不安。	無論是E-MAIL，還是傳真，都必須等待對方的回覆，無法立即得知結果，另外要注意日文輸入時的編碼問題。
電話	日文	直接打電話至旅館訂房。	迅速得到結果。	日文必須有相當程度。
代辦中心	中文	請旅行社代為訂房。	不用費心去找旅館。	事先對該旅館並不了解，可能會和預期有落差，並且代辦中心有時會收取手續費。

　　我們自己用過的方式中，印象最好的算是請一個名為「日本商務飯店預約中心」的網站代為預訂房間，2003年賞楓行程中，我們大都住在請該中心幫我們預訂的商務旅館「東橫inn」。該中心並不是只能預訂東橫inn，除了東橫inn還可預訂其他幾家旅館，非常的方便。而在2004年時，東橫inn也成立了自己專門預訂的網頁，除了日文外，還是英文及中文，非常的方便。除了訂房方便外，東橫inn在價格和品質上都不會令你失望。值得不想在住宿上花大錢的旅人利用。

Tips:

◆日本商務飯店預約中心：http://tw.club.yahoo.com/clubs/toyoko-inn
◆東橫inn中文網址：http://www.toyoko-inn.com/china/
◆在這個網頁中碰到任何訂房的問題都可以至「日本商務飯店預約中心」詢問，不過原先單獨成立的網站現在已成為雅虎奇摩家族中的一個網頁，所以必需是奇摩會員才可以進入。

（二）旅館的種類

種類	價格	說明	住宿感想
觀光飯店 （西式、日式）	視地區及幾星級而有所不同，一般而言約為1萬元日幣起跳。	觀光飯店可分為純西式及日、西合璧式。純西式的飯店大都位於市中心，而日西式的飯店則常位於溫泉區。	市中心的西式飯店其實房間並不大，尤其在東京、大阪這一類大城市，房間更是小得可憐，通常這類型觀光飯店是在跟團的情況下住宿的機率較高。日西式的飯店在日本也蠻常見的，但大都位於觀光區內，而且同一飯店中，日式房型會比西式房型來得貴。
商務旅館	單人房約5千到1萬元日幣，雙人房約7千～1萬元日幣。視地區而有不同的價格，例如以東橫inn來說，東京就比仙台來得貴。	商務旅館的好處是通常位於車站附近，交通便利，但商務旅館也有優劣之分，有的價錢貴但品質卻很差。	商務旅館的房間很小，通常放了床和桌椅之後，剩下的空間連行李箱都無法攤開。不過小歸小，倒是五臟俱全。有的商務旅館提供簡單的早餐，有的則不。
溫泉旅館 （日式）	5千元日幣起跳，但常見的大都為1萬元日幣以上。	故名思義，溫泉旅館的價值就在於旅館中附有自己的溫泉池，所以房間的價格也就視溫泉的規模而訂。溫泉旅館通常會附上早晚兩餐，所以除了溫泉外，餐點也是價格的考量之一，如果遇到對的季節，旅館常會準備當季最有價值的食材，當然價錢也會不同。	如果你是一個不喜歡泡溫泉的人，那麼在訂這類旅館時就要三思一下了，因為與商務旅館和民宿比起來，溫泉旅館算是價格較高的，但是若是純粹想體驗一下日式風情，溫泉旅館仍是必要之選擇，尤其是像能在房間內用餐、洗完溫泉後媽媽桑已幫你舖好床的享受，這些可是在台灣找不到的。

| 民宿
（西式、日式） | 5千元日幣～
1萬2千元日幣之間，超過此價格者較少，除非有特殊之處。 | 無論是在市中心或是觀光區都會有民宿的蹤影，民宿提供了介於商務旅館和溫泉旅館之間的享受。 | 市中心的民宿比較沒什麼特別的地方，只是提供另一種便宜的選擇，但若是觀光區的民宿，其實已經和溫泉旅館很相似，除了提供早晚餐外，有的也會有溫泉設施，只是規模較小，而最大的好處就是民宿的主人大都相當親切，能力範圍內的要求通常都會幫你達成。 |

註1：日本人將西式稱為「洋式」，日式則是指在電視上常見到的有榻榻米的房間。

註2：商務旅館的最大缺點就是煙味。有的商務旅館比較好，會分吸煙房及不可吸煙房，或是提供獨立的空調設備，在選擇住商務旅館時要多注意。若是不小心住到煙味重的房的間，別忘了跟櫃台人員「抱怨」一下，請他們至少噴一噴空氣清淨劑消除一點煙味。

註3：部分商務旅館在房型上是沒有分什麼單人房、雙人房的，所有的房間都只有一張比單人床稍大的床，但若是雙人住宿時，旅館是以雙人房計價，

註4：溫泉旅館及民宿的價錢是以人頭計算，而不是以房間計算。

（三）訂旅館時容易遇見的問題

問題	說明
訂價是否含稅？	日本的消費稅是5%，一般而言，我們在訂房前看到網頁或其他地方秀出來的價格都是不含稅的，所以要結帳時，可別因為價錢不同而與店家爭論喔！
單人房？雙人房？	シングル（single）單人房 ダブル（double）雙人房（一大床） ヅイン（twin）雙人房（兩床）
附不附餐？	素泊：費用中只有住宿費，不含任何餐點的費用。 一泊朝食：住一晚，含早餐。 一泊夕食：住一晚，含晚餐。 一泊二食：住一晚，含晚餐、早餐。 如果碰到旅館的特惠時，有時還會加贈午餐喔！ （通常是便當）
超過兩人住宿？	日本房價的計算通常是視一個房間中有多少人住，也就是以人頭來算。例如和室房一個人可能要二萬元日幣，但若是兩人入住可能一個人只需8000元日幣，三個人住就會更便宜，以此類推。

旅館的選擇要視自己的需求及預算而訂，在日本比較不用擔心住宿費會被騙，因為如果該旅館價格昂貴，必定有其過人之處，例如有些客房數很少的小旅館，價格可是比大的hotel貴上幾倍。也不用擔心「便宜沒好貨」這種情況發生（當然仍是有例外情形發生，但通常

少見），因為整齊、清潔幾乎是日本各種旅館的標準，價格的差異只是在房間的設備和附餐上。

大部分的旅館裡都有自動販賣機，會賣些冷、熱飲，像商務旅館甚至有販賣泡麵、啤酒、小零食等的販賣機，晚上若肚子餓，甚至不用跑到外面，就可以買點東西吃。此外旅館中也會有製冰機，要在飲料中加冰塊也很方便。在日本，一些平常價格昂貴的旅館反而常常不時會有特價的情形出現，要想碰這種運氣，那麼多用點心逛網站是不會錯的。如果想省點心力的話，也可以參加航空公司的自由行行程，自由行中就包含了來回機票及住宿，且住宿的旅館通常都位於市中心。

落地篇 到了日本

機場

如果你是個經常旅行的人，尤其是自助行的老手，那麼這一段大概可以不用太在意。

東京有成田和羽田兩個機場，成田是國際機場，羽田是國內機場，其中羽田

離東京市中心較近。幾年前還有航空公司是在羽田機場降落的，目前幾乎所有的航空公司都是在成田機場降落。

在下了飛機之後只要跟著指標（或人群）走就會「自然而然」的走到通關（海關）處，無論是那個國際機場，一定是先入關（檢查護照）、再領行李的，所以看到通關處時不要太過於緊張，以為自己錯失了行李。

在排隊等待通關時，不同的機場會有不同的排法，若是自由選擇要排在那一排的那類排法，最好是盡量選本國人（台灣人）多一點的那列隊伍，這樣海關比較不會問太多問題。其實在「入境申請書」中有一欄是填旅客到日本後的住宿地，只要在那一欄當中填上旅館名稱，海關人員看了也就會明白，通常不會多問什麼，如果不小心碰

上好奇心比較重的，不會日文的話，也就只好搬出英文來應付了。「旅行」這個英文的單字應該不算是高難度的挑戰吧！另外要注意不要排到「本國人」專用的櫃台了，這裡指的「本國人」可是日本人喔！

通關後就可以去領行李的地方，在領完行李後，還會有一個檢查行李的關口，這時候只要出示護照給檢查的人員看就可以了，偶爾他們會問你一些問題。像是你來的目的？（檢查護照時不是問過了？）或是拿出違禁品的圖片問你有沒有攜帶？（有還會告訴你？）總而言之，保持微笑，心情放鬆，不要看到檢查人員就緊張得要命，其實一切都還滿形式的，不必太擔心。

火車、巴士

搭乘火車（電車）的方式就如同前面所述，若是不使用JR周遊券，只需利用購票機或臨櫃購買票券即可。

（一）利用火車離開機場的方式

火車種類	路線和稱	起始站	時間	金額
JR	特急成田	東京	約1小時	￥2940
	エクスプレス	新宿	約1小時20分	￥3100
		橫濱	約1小時30分	￥4180
		池袋	約1小時30分	￥3110
	快速エアポート成田	東京	約1小時30分	
京成電鐵	スカイライナー	京成上野站	約1小時	￥1920
	特急	京成上野站	約1小時15分	￥1000
	急行	京成上野站	約1小時40分	￥1000

詳細的時刻表可查詢網站，不過由於通關的時間不一定，所以時刻表僅需參考，不要想一定要搭上那個時間的車次，時間上的安排不要太緊。

若是擁有JR周遊券，且是到達日本第一天就要開始使用，那當然是選擇JR的車種來搭乘，若沒有購買JR周遊券就不用這麼浪費了，因為在速度及車箱的品質上，京成電鐵並不比JR來得遜色，但價錢上至少可以省一千多元的日幣。而京成電鐵中除了機場的專線外（スカイライナー），也有一般的通勤電車可選，兩者的差別主要是在於座位上，機場專線是可以劃位的，而通勤電車就像搭乘公車或捷運，車箱很普通，而且位置不多，看到空位就可以坐下來的。

Tips:
◆JR東日本：http://www.jreast.co.jp/
◆京成電鐵：http://www.narita-airport.or.jp/keisei/

　　除了火車，巴士也是一種選擇。一般而言，最方便的就是LIMOUSINE BUS，一般稱為「利木津巴士」，搭乘巴士的好處是只要一出機場大門就可以看到搭巴士的車站，不必拖著行李到地下室去坐火車，而且到了市區後，當然下車的地方也是地面，不像坐火車必須在車站內像個無頭蒼蠅亂轉，很容易就在車站中迷失了方向（尤其是在東京車站內）。而且日本的地下鐵車站中很不容易找到電梯或手扶梯，我們就常因為找不到電梯，而被迫扛著自己的行李爬上一次又一次的階梯，所以建議自助旅行者，不要帶太大的行李箱，以自己能提得動為主，否則上下樓梯或上下巴士、電車都會十分不便。不過就像全世界的大城市一樣，在都會區中非常容易塞車，所以如果選擇坐巴士，最好先有塞車的心理準備。

Tips:

◆LIMOUSINE：http://www.limousinebus.co.jp/index_ja.html

餐飲

　　日本的消費物價大概是我們的十倍左右，所以如果在台灣只要花台幣40元就可以吃飽的話，在日本大概需要花費台幣400元，因此在預估餐費的時候，最好能將額度放寬一點，建議不妨一餐以1000元日幣來預估，一天三餐就是3000元日幣。當然你不需要每餐都非要吃到1000元，像是早餐如果是飯店提供或是在麵包店、便利商店購買的話，就不需用到這麼多錢，節省下來的錢就可以用到中餐、晚餐上，選擇一些好料的餐點來享用。

　　走在日本的街上，如果不知道要去那裡找餐廳，最簡單的方式就是選擇車站內的餐廳。只要是稍具規模的車站內，一定都會有美食街的存在，視車站的大小而定，少則至少也有一、兩家，多的話甚至幾十家也有可能（當然如果是鄉下地方的小車站當然就不會有了）。車站旁邊通常設有百貨公司，兩者之間的通道是互相連接的，百貨公司內也會有餐廳可供選擇。和台灣的百貨公司一樣，吃東西的地方大都位於地下室，不同的是，日本的美食街是以「餐廳」的形式呈現，而台灣比較像是「攤販」的形式。

　　除了車站和百貨公司外，「商店街」中也有許多地方可供選擇，所謂的商店街常可以在日本台中的節目看到，通常是利用樓與樓之間的通道，在上面加蓋屋頂，通道的兩旁則充斥著各式各樣的店家，不只是賣吃的，也會有像書店、服飾店等等不同的商店。

　　在餐廳的選擇上，若是完全不懂日文的人可以依照餐廳門口擺設的「樣品」來選擇想吃的東西。日本幾乎每一家餐廳門口都有展示櫃放置食物的樣品，除了品名外，也會將價格標出。日本餐廳最讓人感動的一點就是，端出來的食物幾乎與樣品一模一樣，真讓人不知道是要佩服製作樣品的人員或是佩服餐廳的廚師了。

　　在餐廳門口把想吃的東西用記的或用筆寫下，等到進入餐廳入座後，就可以輕而易舉的點餐了，像我們記性不太佳，有時在門口死命記住，進去坐定後又忘了日文怎麼說，就會指指外面，通常店家就會很配合地跟我們一起走到店外，看我們指那一個

樣品，他們再記下來。如果是吃日式的食物，在菜單中多少會夾雜一點漢字，點餐較容易，但如果是吃西餐，菜單大多以平假名撰寫，最好能將想吃的東西事先寫下來，不然等到看到一個漢字也沒有的菜單時，大概就不只是「坐立難安」、「進退維谷」可以形容的了。

　　旅行中不用虧待自己，一定要強迫自己去找很便宜的東西來吃，其實旅行的時時刻刻都是一種享受，不需硬要省錢而走了老遠來尋找便宜的食物，挑自己想吃的東西吃，把力氣節省下來用在玩樂上，才有旅行的意義！

　　不過還是可以提供一些省錢的「撇步」做為參考：

　　1.多多利用超市的打折時段：若是在市區中住宿，可以利用百貨公司晚間六點到關門前的拍賣時段，日本的百貨公司大約六點就關了，所以在六點到八點間，很多有保持鮮度問題的食物就會來個跳樓大拍賣。熟食區會有小菜及便當，在價格及菜色上都絕對比便利商店的便當來得划算，另外特別推薦購買超市中的乳製品，像是鮮奶或調味咖啡……等，如果是一、兩天內要到期的飲料，比便利商店中賣的飲料份量多一倍以上而價格上卻只要半價都不到，晚上在旅館把它當開水喝也值得。另外像是水果、麵包等也會有或多或少的折扣，想省錢的人千萬不要錯過超市。

　　2.站著吃的拉麵店：日本無論是車站或街上都有許多的拉麵店，有的拉麵店不設座位，只提供站立的地方和一個小小的桌面，這一類拉麵店的價格都非常便宜，大約只需日幣500元左右就可以填飽肚子，不過這種拉麵店中以男性顧客居多。

　　3.餐廳中的促銷特餐：餐廳大都會在門口貼出本日有那些特價的品項，別客氣，一進去就大方的把最便宜的東西都點下去吧！

　　4.少花錢就是省錢：日本雖然也有麥當勞、肯德基……等速食店，但可別以為和台灣一樣，一百多元就可以吃到一個套餐。日本的速食店價格並不便宜，一個漢堡訂價約日幣300～400元之間，如果加點了飲料、薯條等副食，相加起來大概已經可以挑個餐廳進去吃了，還有像是吉野家的售價也比台灣貴滿多的，不過和速食店比起來還算是較便宜的選擇。

　　總之，若是不注重吃的方面，想省錢還是有許多方法，但是仍是勸大家一句：體驗民情、風景和體驗食物是一樣重要的，食物可是包含了該國深遠的文化呢！若想吃好吃的，又不知如何挑選的話，看那家店前排隊的人特別多，跟著去排隊，大半都不會錯。

其他小建議

　　每個地方都有每個地方的習俗，我們不是當地人，也無法一一得知，只能就我們已知的部分，給諸君一點小小的建議。

　　1.請勿在車上剪指甲。日本人很忌諱人家在車上剪指甲，所以不要在搭車時，閒來無事就修修指甲或剪剪指甲，這可是犯了他們的大忌哦，至於原因嘛，根據我們的尋訪，一般認為是衛生的問題，在公共場合剪指甲對他們來說很不衛生。

　　2.不要兩雙筷子同時夾同一個食物。有時我們吃到一塊肉會說，這個好好吃，你

吃吃看，便用筷子要夾給親友，若親友也同時伸出筷子一起夾住那塊肉，日本人看了包準嚇一跳，因為據說好像是在撿骨時才會出現這種動作，吃飯時可不能這樣做哦。

3.土足禁止及立入禁止。在很多展覽場所，尤其是寺廟，常會看到一個「土足禁止」的牌子，就是請你不要穿著鞋踩上去的意思。日本的寺廟通常是高於地面，所以如果要上去，必須登上幾段階梯。如果是木造的寺廟，通常會請人脫鞋再上去，因為他們都把地板擦拭得很乾淨，有些甚至是連階梯都不准你爬上去的（立入禁止）。我們就曾碰到有個台灣團的小朋友，因為不懂牌子上的意思吧，就爬上去玩，結果寺廟的人不但立即制止，而且馬上就有人拿著一塊很乾淨的抹布來擦拭剛剛被踩過的地方，果然是佛門「淨」地啊。

4.手機。現代的人大概都離不開手機這玩意兒吧，不過如果到了日本還想享用「隨手撥電話」的方便，就不太容易了。因為台灣的手機系統和日本不同，所以即使把手機帶去也不能用，除非你用的是PHS的手機，才能在日本繼續漫遊。

5.走路請靠左。日本開車的方向盤方向和台灣相反，是在右邊，走路的方向當然也跟著顛倒，要靠左走。搭乘手扶梯時，一定記住要靠左，右邊是供人通行的。尤其是在交通尖峰時間，若一時忘了，擋在右邊，就很失禮了。很多日本人會焦急地在後面等候，也會有性急的人會說聲「すみません」希望你讓開。

6.時差。日本的時間比台灣快一個小時。

7.電壓。日本的電壓為110V，台灣大部分的充電器都可以在日本使用。

8.購物時要加稅。前面也提過，住旅館時會加稅，平時在購物時所有東西一定外加5%的稅，除非它的標價上寫了「稅入」，就是含稅價。若是自動販賣機上的價錢則無需再加稅。還有日本是一個很愛國的民族，最好的東西總要留在國內給國人使用，次級的商品則銷到歐美，再次等的銷到亞洲，所以如果要享受最好的商品品質，就要購買日本境內的商品，即使到了機場，東西也都不一樣了哦！

9.和式浴衣的穿法。在大部分的旅館中，都會放置一套很像和服的浴衣給客人穿。正確的穿法是左襟在右襟的上面，如果穿反了，可是人家中發生不好的事情才會這樣穿哦。如果是在溫泉旅館，你可以大大方方地穿著浴衣及拖鞋去餐廳吃飯，或去街上逛逛，但如果是高級飯店或商務旅館，這樣做就很失禮哦，即是只是到大廳，也要穿戴整齊才行。

10.廁所。在日本上廁所和台灣有一點很不相同的是，他們即使是公共廁所也都很乾淨，而且都會放置衛生紙，廁所內會有一個十分小的垃圾筒，要特別注意的是，這個垃圾筒不是給上廁所的諸君丟衛生紙用的。在日本，衛生紙是直接丟入馬桶隨水沖掉的，這個垃圾筒是讓大家丟其他衛生用品的。很多觀光客不知道，所以在一些熱門景點，就會發現小小的垃圾筒被觀光客丟的衛生紙塞爆，甚至還抱怨為何垃圾筒要弄得這麼小。

很多觀光景點，連坐式馬桶都十分乾淨，到了天氣很冷時，甚至有插電式的馬桶可以坐，坐上去很溫暖，不怕凍傷你的小屁屁哦，那種乾淨的程度，讓人不忍依照在台灣上公共廁所的習俗──踩在馬桶上蹲馬步，如果在人家乾淨的馬桶座上留下您的

足跡，可是十分失禮的哦！

　　11.飲水。日本的水大部分是可以生飲的，所以只要打開水龍頭，基本上可以走到哪兒喝到哪兒，也就可以省下一筆買飲料的錢。不過有些廁所由於是抽取地下水，所以從水龍頭流出來的水不能飲用。不能飲用的水龍頭都會貼上不可飲用的告示，從漢字很容易猜出意思。

寫給和田京子女士的兩封信

我們歷劫歸來後，特別寫了一封信及送了一點小禮物感謝在八甲田山照顧我們的日本女士：和田京子女士。和田女士非常友善，還回送了我們青森的名產呢！

第一封信：

和田京子樣

拜啓
　お忙しい毎日を過ごしのことと拜察いたします。お變わりなくおいででしょうか。そんな遲く返信して、申し譯ございません。前日、まことに結構なお品をお送りくださいまして、厚くお禮申し上げます。過分なお心遣い、恐縮に存じております。旅行するとき、貴方のような心の優しい人と出會って"緣"の素晴らしさと感心します。
　頂きましたお品の中に八甲田山のキーホルダーは私達が旅行の見守りとして使用します。どんな地方で旅行しても、貴方のような優しい人と會いたいと祈ります。　///
　私達は今も八甲田山旅行中の面白さが頭の中に回っています。その時とでも大變ですけど素晴らしい經驗だと感じます。私達今も、よく旅行中のいろいろと友達話します。皆は私達の遭遇が不思議と言いましたよ。
　友達紹介のきっかけで主編者を知りました。彼女は私達の日本旅行中の話と興味があって出版したいと言いました。という譯で今、私達は一所懸命汗馬って書きます。もし出版があったら和田樣に連絡します。
　今、この本（旅行紹介）を書く以外、來年（2005年）11月頃に京都へ紅葉狩りという計畫も準備中です。實は＜陰陽師＞という本が好きで平安時代の人物（安倍晴明）も興味があります。來年は安倍晴明の千年祭だから紅葉狩りながら千年祭を參觀したいです。去年（2003年）東北地方へ旅行したとき、紅葉もう一度紅葉狩りに行きたいです。
　現在の日本は櫻の季節でとても美しいだと思っています。私達は2002年春の時、京都へ旅行しました。その時の旅行も面白いです。
　お土産を同封で送付します。ご查收してお願いします。これは台湾の（故宮博物館）記念品です。台湾へ來た旅人は絶對この博物館へ行きます。中の品物は歷史价格が高いです。もし機會があれば、遊びに行ってください。
　このお土産は私達感謝の氣持ちです。お返しはしないでお願いします。私達は東北地方がとても好きで、もし機會があれば、もう一度行きたいです。もし和田樣の時間があったら和田樣に訪れたいです。
　本當にありがとうございます。
　誠に身勝手なことのみ申し述べましたこと、なにとぞおお許し下さい。
　　　　　　　　　　　　　　　　　　　Monique、Bell 敬具

感謝和田女士對我們的幫助（謝謝家禎幫我們翻譯）

第二封信：

和田京子様

和田様へ：

　拝啓。

　台湾の盃と党です。この間お世話になりまして、どうも有り難うございました。

　ガイドブックを信用して、散歩しよう！って感じで八甲田山のあの山道に入り込んで、身も心も準備不足の私たちにとってはちょっとハードな道で、進み続くかどうか戸惑って、いつかどこか出られるか全然分かりませんでしたので、どんどん心細くなってしまいました。その時、私たちのせいであんまり進めない和田さんは嫌がらないだけではなく、かえって同行して下さって、本当に助かりました。心から感謝しました。和田さんのお陰で、私たちの不安や心配は吹き飛ばされ、ちょっと狼狽したものの、やっと八甲田山の大自然の美しさを味わえるようになりました。和田さんは八甲田山の山神様からの天使みたいですよね。（＾ー＾）

　同封はこの間一緒に撮った写真と、少してもお礼の気持として、台湾のウーロン茶と桂花茶をお送り致します。お店の人によると、日本のお客様よく買ったものそうです。お口に合うかどうか．．．

　台湾でも美しい山がありますので、もし機会があったら、是非台湾に遊んで来って下さいね。

　どんどん寒くなりまして、お体に気を付けて下さいね。

Monique、Bell　敬具

主是爲了感謝和田女士送我們的禮物（謝謝佳玲幫我們翻譯）

106-□□
台北市新生南路3段88號5樓之6

揚智文化事業股份有限公司　　收

□□□-□□
地址：　　　市縣　　鄉鎮市區　　路街　段　巷　弄　號　樓
姓名：

Leaves
Publishing

 書號 L6007　　 書名 賞遊日本東北哈拉行

葉子出版股份有限公司

讀·者·回·函

感謝您購買本公司出版的書籍。
為了更接近讀者的想法，出版您想閱讀的書籍，在此需要勞駕您
詳細為我們填寫回函，您的一份心力，將使我們更加努力！！

1.姓名：＿＿＿＿＿＿

2.性別：□男 □女

3.生日／年齡：西元＿＿＿＿ 年＿＿＿月 ＿＿＿日＿＿歲

4.教育程度：□高中職以下 □專科及大學 □碩士 □博士以上

5.職業別：□學生□服務業□軍警□公教□資訊□傳播□金融□貿易
　　　　　□製造生產□家管□其他＿＿＿＿＿＿

6.購書方式／地點名稱：□書店＿＿＿＿□量販店＿＿＿＿□網路＿＿＿＿□郵購＿＿＿
　　　　　　　　　　　□書展＿＿＿＿　□其他＿＿＿

7.如何得知此出版訊息：□媒體＿＿＿□書訊＿＿＿□書店＿＿＿□其他＿＿＿

8.購買原因：□喜歡讀者□對書籍內容感興趣□生活或工作需要□其他

9.書籍編排：□專業水準□賞心悅目□設計普通□有待加強

10.書籍封面：□非常出色□平凡普通□毫不起眼

11. E‐mail：＿＿＿＿＿＿＿＿＿＿＿＿＿＿＿＿＿＿＿＿＿＿＿＿

12喜歡哪一類型的書籍：＿＿＿＿＿＿＿＿＿＿＿＿＿＿＿＿＿＿＿＿＿

13.月收入：□兩萬到三萬□三到四萬□四到五萬□五萬以上□十萬以上

14.您認為本書定價：□過高□適當□便宜

15.希望本公司出版哪方面的書籍：＿＿＿＿＿＿＿＿＿＿＿＿＿＿＿＿＿

16.本公司企劃的書籍分類裡，有哪些書系是您感到興趣的？

□忘憂草（身心靈）□愛麗絲（流行時尚）□紫薇（愛情）□三色堇（財經）

□ 銀杏（健康）□風信子（旅遊文學）□向日葵（青少年）

17.您的寶貴意見：

＿＿＿＿＿＿＿＿＿＿＿＿＿＿＿＿＿＿＿＿＿＿＿＿＿＿＿＿＿＿＿＿＿

☆填寫完畢後，可直接寄回（免貼郵票）。
　我們將不定期寄發新書資訊，並優先通知您
　其他優惠活動，再次感謝您！！

Leaves
Publishing

根
以讀者爲其根本

莖
用生活來做支撐

葉
引發思考或功用

果
獲取效益或趣味